Wolfgang Schmale

DAS DIGITALZEITALTER

Historisch-kritische Orientierung

Franz Steiner Verlag

Bibliografische Information der Deutschen Nationalbibliothek:
Die Deutsche Nationalbibliothek verzeichnet diese Publikation in der Deutschen
Nationalbibliografie; detaillierte bibliografische Daten sind im Internet über
dnb.d-nb.de abrufbar.

© Franz Steiner Verlag, Stuttgart 2024
www.steiner-verlag.de
Layout und Herstellung durch den Verlag
Satz: DTP + TEXT Eva Burri, Stuttgart
Druck: Beltz Grafische Betriebe, Bad Langensalza
Gedruckt auf säurefreiem, alterungsbeständigem Papier.
Printed in Germany.
ISBN 978-3-515-13723-2 (Print)
ISBN 978-3-515-13726-3 (E-Book)
DOI 10.25162/9783515137263

Dank an ...

An erster Stelle danke ich meinen beiden Gratis-Mitarbeiter*innen Bing Chat und ChatGPT. Bing Chat hat sich bewährt, wenn es darum ging, dass ich irgendwelche Fakten, Ereignisse, Dokumente oder eher vage Erinnerungen im Kopf hatte, die ich checken und verifizieren wollte. Das würde auch ohne einen Chatbot gehen, aber mit Bing Chat war es bequemer und vor allem schneller. Und oft „rutschten" zusätzliche Informationen, die ich gar nicht gesucht hatte, in die Antworten hinein, was nicht immer, aber manchmal doch durchaus nützlich war. Allfällige Irrtümer im Text sind freilich immer mir anzurechnen.

ChatGPT habe ich die etwas komplizierteren Fragen gestellt und gelegentlich die Antworten zitiert, außerdem habe ich das Tool mit sprachlich etwas gefinkelten Sätzen auf die Probe gestellt, um mehr über sein Potenzial zu erfahren.

Für die kostenlose Nutzung der beiden Chatbots habe ich mich mit Feedbacks revanchiert. Ich meine damit weniger die Betätigung des Like- bzw. Dislike-Buttons, sondern dass ich in ganzen Sätzen erläutert habe, was an der Antwort nicht richtig war. Selbst sorgfältig formulierte Fragen, um möglichst Missverständnisse auszuschließen, wurden nicht immer korrekt beantwortet, vielmehr lag die Antwort daneben. Der Chatbot konnte die Frage also „nicht begreifen" – hier steht noch manches Training an.

Dem Franz Steiner Verlag bin ich sehr verbunden für seine Bereitschaft, das Manuskript in sein Programm aufzunehmen.

Wien, im März 2024   Wolfgang Schmale

Inhaltsverzeichnis

1   Einleitung

Von 1967 bis 1974 besuchte ich ein altsprachliches, damals „humanistisch" genanntes Gymnasium. Ca. um 1970 gab uns der Mathematiklehrer freiwillig ein paar Lehr- und Lerneinheiten zur Kybernetik. Zu recht hielt er das für wichtig, obwohl es nicht im Lehrplan stand. In der Folge kaufte ich mir das dtv-Taschenbuch „Was ist Kybernetik?" von Felix von Cube (1927–2020) – es steht immer noch im Bücherregal und erinnert mich an eine „ferne Zeit" und eine lang zurückliegende „Initiation".[1]

Mein Einstieg ins Digitalzeitalter liegt also mehr als 50 Jahre zurück. Damals hieß es noch „Computerzeitalter". Das meiste, was dazu gehörte, lief unter „Innovation", „das ist die Zukunft" und ähnlichen Charakterisierungen. Der Lustfaktor wurde hoch angesetzt. Im Gegensatz zu heute schlug sich das Computerzeitalter vor 1980 aber noch kaum im privaten Haushalt nieder, sondern war etwas für Landungen auf dem Mond, Atomkraftwerke und ähnliche Herausforderungen.

Das Digitalzeitalter hingegen findet im eigenen Haushalt und im eigenen Alltagsleben statt. Der schon im Computerzeitalter hoch angesetzte Lustfaktor wurde mitgenommen und entsprechend wurde die Rhetorik von der „bahnbrechenden Innovation", der Revolutionierung des Alltags durch Digitalität oder der Disruptivität alles Digitalen in die privaten Haushalte gebracht. Kaufe ich irgendein smartes Gerät, bin ich ganz vorne mit dabei – zwar nur als Konsument*in und Anwender*in, aber immerhin, das ist doch was! Hat's früher nicht gegeben – für dich und mich. Ach ja, die schöne Welt des Digitalen! Felix Stalder schrieb ein erfolgreiches Buch über die nun herrschende „Kultur der Digitalität".[2]

Das meiste, was das Digitalzeitalter ausmacht, zielt auf dich und mich, im Guten wie im Schlechten. Lust und Frust! Mit dieser Grundtatsache setze ich mich in diesem Buch auseinander – jedoch nicht im Sinne einer soziologischen, sondern einer geschichtswissenschaftlichen Analyse, für die Soziologie, nicht zuletzt in Gestalt der Techniksoziologie, gleichwohl eine Rolle spielt. Das „ich" und „du", das „wir", das ich

---

1   von Cube (1971).
2   Stalder (2016).

immer wieder verwende, meint Menschen egal wo sie leben, denn niemand kann sich dem, was das Digitalzeitalter ausmacht, so einfach entziehen. „Lust" und „Frust" sortieren als emotionale Begriffe die digitalen Phänomene in „positiv" – das heißt: dem Menschen, dir und mir, zuträglich – oder in „negativ" – das heißt: für den Menschen, für dich und mich, schädlich. Viele digitale Phänomene sind sowohl zuträglich wie schädlich, da kommt es ganz auf die individuelle Kompetenz im Umgang mit dem Digitalen an. Und manches täuscht vor, zuträglich zu sein, obwohl es eher schädlich ist. „Lust" und „Frust" führen zu den emotionalen Regionen in uns, die der alltägliche Umgang mit Digitalität aktiviert. Beides sind natürlich individuell kalibrierte Emotionen – was des einen Lust ist des andern Frust. Ich werde also den in den folgenden Buchkapiteln besprochenen Aspekten und Problemen nicht jeweils einen Aufkleber verpassen, auf dem „Lust" oder „Frust" oder beides steht. Die gefühlsmäßige Einordnung bleibt der Subjektivität der Leser*innen überlassen!

Ich verfolge einen human(itar)istischen Ansatz. Das bedeutet, die Beziehung zwischen *Mensch* und *Digitalzeitalter* kritisch zu untersuchen. Ich richte mich dabei nicht nach Rankinglisten der Staaten in Sachen Digitalisierungsfortschritt, sondern gehe eher „phänomenologisch" vor und frage, *welche* Aspekte der Digitalisierung *wie* die tägliche Lebenswelt betreffen, verändern und/oder ggf. in Widersprüche hineinführen. Die gemeinten „Phänomene" finden sich in den Kapitelüberschriften und stellen gewiss nur eine, aber keineswegs beliebige, Auswahl dar. Der Auswahl liegt ein *geschichtswissenschaftlicher* Blick zugrunde.

Damit ist implizit schon dargelegt, dass ich mit einer geschichtswissenschaftlichen Analyse des Digitalzeitalters keine Chronik des Digitalzeitalters nach dem Prinzip „Von der Leibniz'schen Rechenmaschine zur KI der Gegenwart" meine, sondern alltags- und lebensweltgeschichtlich an das Thema herangehe.

Das Digitalzeitalter ist entgegen den weit verbreiteten Behauptungen *insgesamt* weder *disruptiv* noch *revolutionär*. Klarerweise ändern sich Gesellschaften und Staaten unter dem Einfluss der Digitalisierung, aber *Veränderung* oder *Entwicklung* stellen typische historische Phänomene in allen Zeiten und Zeitaltern dar.

Einzelne Aspekte mögen disruptiv und/oder revolutionär sein, aber das reicht nicht für eine generelle Charakterisierung des Zeitalters aus. Dieses setzt die Moderne fort; der Name „Digitalzeitalter" entpuppt sich bei genauem Hinsehen lediglich als eines von vielen Synonymen für „Moderne", für jene Moderne, von der man uns mittels der Begriffsschöpfung „Postmoderne" glauben machen wollte, dass an ihre Stelle etwas anderes getreten sei. Vielmehr setzen sich Grundkonflikte ungelöst fort, die schon am Beginn der Moderne in der Zeit der Aufklärung im 18. Jahrhundert standen. Das benennt den Standort, von dem aus das Digitalzeitalter in seinem historischen Kontext analysiert werden soll. Der im Digitalzeitalter lebende Mensch ist historisch noch immer der „moderne Mensch", und zwar nicht nur im „Westen", sondern global. Er bleibt bis auf weiteres auch dann „nur" der „moderne Mensch", wenn ihm z. B. ein Chip ins Gehirn implantiert wurde, mit dem Gliedmaßen und externe Geräte gesteuert werden können.[3] Die Vorstellung, dass der Mensch eigentlich eine Maschine sei und entsprechend durch maschinelle „Bauteile" ergänzt werden kann, ist Teil der beginnenden Moderne im 18. Jahrhundert. Zwar wird der Mensch heute nicht mehr als Maschine bezeichnet – es wird inzwischen besser gewusst –, aber die Gewissheit, dass maschinelle Bauteile den menschlichen Körper erweitern bzw. umständebedingte Beeinträchtigungen mildern oder ausgleichen können, ist als Antriebsmotiv geblieben.

„Die Moderne" wird oft als linear-progressive Geschichte erzählt. Das verdeckt die schon angesprochenen bis heute ungelösten Grundkonflikte, die Janusköpfigkeit, die vielen Widersprüche. Schon deshalb bietet das vorliegende Buch keine linear-progressive oder gar Erfolgs-Erzählung des Digitalzeitalters, sondern stellt die Konflikte, die Janusköpfigkeit und die Widersprüchlichkeiten dar.

„Die Moderne" erfasste nach und nach die ganze Welt. Historisch gesehen handelte es sich um eine äußerst brutale lang anhaltende Phase in der globalen Geschichte, die trotz heutigem Digitalzeitalter nicht beendet ist.

Die Moderne wurzelt in den Ambivalenzen der Aufklärung und bestimmten damals erkannten Grundkonflikten. Solche Grundkonflikte wurden (beispielsweise) in einem historischen oppositionellen Werk beschrieben: 1774 erschien in London anonym „The Chains of Slavery". „Die Ketten der Sklaverei" von Jean-Paul Marat (1743–1793), der in der Französischen Revolution bis zu seiner Ermordung durch Charlotte Corday (1768–1793) eine scharfe Feder führte.[4] Bei „Sklaverei" dachte er nicht an die Sklav*innen auf den Zuckerplantagen in den französischen Karibik-Kolonien, sondern an die Bevölkerungen in England und Frankreich sowie an Völker aller Zeiten seit der Antike in Europa. Seine Schrift avancierte im Lauf der Zeit zum Modell der Absolutismus- und Despotismus-Kritik.

Soll die Erinnerung an diese Schrift bedeuten, dass eine Parallele zwischen dem Digitalzeitalter und dem historischen Absolutismus oder, wie es wahlweise hieß, dem Despotismus, den wir alle mindestens aus dem Geschichtsunterricht in der Schule kennen, zu ziehen ist? Ist es so schlimm mit dem Digitalzeitalter? Ein neuer Despotismus, der uns zu Sklav*innen der Digitalität macht? Sollte analog zum historischen Buchtitel von „Ketten der Digitalität" gesprochen werden? Müssten wir eigentlich Revolution gegen das Digitalzeitalter machen?

In vieler Hinsicht erleichtert Digitalität tatsächlich diktatorische und inhumane Praktiken, allzu oft verhalten wir uns naiv beim Umgang mit Digitalität und legen uns in gewissem Sinn selber in Ketten – eine Verhaltensweise, die Marat schon in Bezug

---

3   Am 28.1.2024 wurde einem Patienten in den USA ein entsprechendes Implantat der Firma Neuralink ins Gehirn eingesetzt (vgl. https://www.zdf.de/nachrichten/wissen/neuralink-gehirnchip-implantat-musk-100. html). Vgl. auch die früheren Experimente von Kevin Warwick unter der Überschrift „Cyborg 2.0" (http:// kevinwarwick.coventry.ac.uk/); Warwick (2014). Redaktionelle Notiz: Alle URLs wurden am 18. April 2024 letztmalig vor Drucklegung aufgerufen und kontrolliert.
4   Marat (1975).

auf seine Zeit festgestellt hatte und was zum Teil den Erfolg des absolutistischen Herrschaftssystems erklärte. Mit der Digitalität läuft es genauso: Ihr Erfolg hängt zu einem guten Teil daran, dass wir uns unbedacht selber digitale Ketten anlegen, aus denen wir uns kaum mehr befreien können. Dies stellte sinngemäß auch jüngst Eva Menasse in ihrem monografischen Essay „Alles und nichts sagen" dar, der sich mit den digitalen Sozialen Medien und den für die Gesellschaft zerstörerischen Folgen der dort üblichen Kommunikationsweise sehr kritisch auseinandersetzt.[5]

Das konterkariert die vielen guten Seiten und Vorteile der Digitalität im 21. Jahrhundert, die im Grunde an die besten Aspekte der Aufklärung (des 18. Jahrhunderts), den damals neuen Human(itar)ismus, anknüpfen. Innerhalb der Digitalität spielt sich der Konflikt zwischen Absolutismus/Despotismus auf der einen und Aufklärung sowie Human(itar)ismus auf der anderen Seite erneut ab. Unsere zeitgenössischen Despotismen lassen sich mithilfe der Digitalität bekämpfen, aber sie werden ebenso mittels Digitalität durchgesetzt.

Zugegebenermaßen geht es nur in bestimmten Fällen um digitalen Despotismus wie im Fall der weitgehenden Videoüberwachung der Menschen im städtischen öffentlichen Raum in China. Meistens geht es um digitale Hegemonie, die jedoch schnell toxisch werden kann und digitalen Humanismus unterläuft.

Damals, vor der Französischen Revolution, kam der koloniale Kontext hinzu, den Marat ganz eurozentrisch, wie es üblich war, beiseite ließ. Trotzdem existierte dieser Kontext und er sollte sich dann später auch auf die Anfänge der Digitalität auswirken. Der Kolonialismus ist Teil der Moderne und leitete eine Zwangsglobalisierung ein, von deren Infrastruktur das im 20. Jahrhundert aufkommende Computer- bzw. Digitalzeitalter wesentlich profitierte. Anfangs prolongierte Digitalität koloniale Verhältnisse, in unserer Zeit *kann* sie helfen, Dekolonialität herzustellen.

Die Geschichte kennt ein „Dazwischen" in Gestalt einer Schnittmenge zwischen Absolutismus/Despotismus sowie Aufklärung: den „aufgeklärten Absolutismus" oder „aufgeklärten Despotismus". Diese Schnittmenge gibt es auch in der Digitalität: Künstliche Intelligenz (KI), um einen Aspekt zu nennen, hat etwas Despotisches an sich, zugleich ist sie gewissermaßen hyperaufgeklärt. Das Digitalzeitalter setzt folglich die strukturellen Konflikte, die am Anfang des im eigentlichen Wortsinn „modernen Zeitalters" standen, unvermindert fort. Das liefert uns den Schlüssel zum Verständnis des Digitalzeitalters. Das kann uns zur Orientierung dienen, wenn es darum geht, das Digitalzeitalter mit Bedacht zu steuern, statt es einer nicht beherrschten Dynamik zu überlassen. Das vorliegende Buch soll historisch-kritisch analysieren und zugleich Orientierungsperspektiven für den Umgang mit der Digitalität anbieten.

Kapitel 2 geht als Einstieg in die historisch-kritische Analyse der Frage nach der Entstehung der so selbstverständlich gewordenen Bezeichnung „Digitalzeitalter"

---

5   Menasse (2023).

nach. Dabei wird gleich einmal ChatGPT auf die Probe gestellt. Im Deutschen sind übrigens „Digitalzeitalter" und „digitales Zeitalter" gleichermaßen, ohne Bedeutungsunterschied, gebräuchlich. Ich verwende meistens „Digitalzeitalter".

Die Kapitel 3 bis 6 sind den Zweifeln, die das Digitalzeitalter hervorrufen muss, sowie den ihm zugehörigen Ambivalenzen gewidmet. Bewusst wird einer historisch-skeptischen Einstellung der Vorzug gegeben, jenseits von weit verbreiteter Digitalitäts-Euphorik.

Die Kapitel 7, 8 und 9 setzen sich kritisch mit charakteristischen Merkmalen des Digitalzeitalters auseinander: Globalität, Digitalität und Künstliche Intelligenz. Die folgenden Kapitel 10, 11 und 12 beschäftigen sich mit Transformationen, die zunehmend unseren Alltag bestimmen: Die digitale Konstruktion von Wirklichkeit, die digitale Verflüssigung des Lebens, aber auch die digitale (Re-)Konstruktion des Kulturerbes, die ein Gegengewicht zur digitalen Wirklichkeitskonstruktion bedeutet.

Nachdem schon das Computerzeitalter vor allem ab den 1980er Jahren Schritt für Schritt in den privaten Haushalt vorgedrungen ist, hat nunmehr das Digitalzeitalter die komplette Lebenswelt der Menschen durchdrungen. Es geht daher um dich und mich in unserem Menschsein. Dies soll diskutiert werden anhand einiger Aspekte, die mit gutem Grund zum direkten semantischen Umfeld von „Digitalzeitalter" gehören, weil ungezügelte Digitalität all dies im Bestand massiv bedroht: „Menschenrecht", „digitale Demokratie", „Privatheit" und „Datenschutz" (Kapitel 13 und 14).

Kapitel 15 nähert sich dem Digitalzeitalter unter dem Gesichtspunkt human(itar)istischer Perspektiven: Im 18. Jahrhundert spielte eine Neuinterpretation des Humanismus als Humanitarismus, die wir in der Regel unter dem Namen Philanthropismus kennen, eine wichtige Rolle. Dieser Humanitarismus war eng mit der entstehenden Zivilgesellschaft verbunden, die nicht nur philanthropische Gesellschaften, sondern auch zunehmend Hilfsorganisationen gründete.[6] Im Digitalzeitalter entspricht dem das Thema des Digitalen Human(itar)ismus. Es zieht sich über Kapitel 15 hinaus durch alle Kapitel hindurch. Der Digitale Human(itar)ismus bezeichnet die Art von Digitalität, die es uns ermöglicht, das Digitalzeitalter zu steuern. Aber wie stehen die Chancen für die Steuerung? Das versucht das letzte Kapitel zu beantworten. Was müssen wir tun, um die Ketten des digitalen Despotismus abzulegen?

Es geht in dem Buch in erster Linie um lebensweltliche Kontexte. Es geht außerdem darum zu klären, wo die Bedeutung des Digitalzeitalters im Kontext der langen Reihe von Zeitaltern, die hinter uns liegen, die aber sämtlich nachwirken, zu verorten ist. Die Antwort, die zu geben ist, ist ernüchternd: Hören wir auf, uns selbst vorzugaukeln, dass wir mit dem Digitalzeitalter bereits etwas anderes tun würden, als lediglich die Moderne zu prolongieren. Möglich wäre das schon, aber dazu bedürfte es des Mutes zu bestimmten Weichenstellungen (s. Schlusskapitel). Dass Digitales immer neu-

---

6   Überblick: Davies (2013).

es Digitales nach sich zieht, erweckt einen dynamischen Eindruck, aber macht noch keinen grundstürzenden Unterschied, zumal vieles entsteht, um negative Auswirkungen digitaler Anwendungen auszugleichen. Zuerst wird KI nach Art von ChatGPT geschaffen, wenige Monate später müssen mit Hochdruck KI-Detektoren unter die Leute gebracht werden, um den Missbrauch im Bildungsbereich einzudämmen. Das Gesetzesrecht muss angepasst werden. Solche Beispiele gäbe es zuhauf, das wirkt wie Digitalitäts-Dynamik, erinnert aber eher an „ein Schritt vor, einer zurück".

Nicht alles und jedes Thema, das zum Digitalzeitalter gehört, wird im Folgenden behandelt werden. Auf technische Details gehe ich nicht ein, ich werde auch nicht einzelne Tools detailliert erklären. Zu schnell landet man im digitalen Klein-Klein und vernachlässigt die größeren Zusammenhänge. Den Leser*innen werden bei der Lektüre wahrscheinlich viele „Aber" in den Sinn kommen. Ja, es könnte viel mehr zum Thema geschrieben werden, zumal eine beeindruckende Vielfalt herrscht. Aber – das ist *mein* „Aber" – alles zusammen ist nicht darstellbar und die Studie soll längs der Linie der Janusköpfigkeit des Digitalzeitalters zwischen Despotismus und Human(itar)ismus durchgeführt werden. Das beinhaltet eine eindeutige Positionierung, die der kontroversiellen Diskussion anheim gestellt wird.

Für die Zielsetzung dieses Buches ist es wichtig zu fragen, ob und was es grundsätzlich gibt – oder nicht. Der Variantenreichtum konkreter Umsetzungen ist immer mitzudenken, aber er macht aus dem Grundsätzlichen nichts anderes als das, was es schon ist: das Grundsätzliche. Die mit KI aufgerüstete Katzenklappe, die erkennt, ob die Katze eine Maus oder einen Vogel im Maul trägt und sie dann nicht in die Wohnung oder das Haus lässt[7], mag nützlich sein, aber sie enthält keinerlei grundsätzliche Innovation. Solche, mit großer Begeisterung den Medien präsentierte KI-Anwendungen, sind nicht das Thema des Buches.

---

7   Vorgestellt auf der Consumer Electronics Show Las Vegas, 9. bis 12. Januar 2024 (Vorabbericht ntv-Nachrichten am 8.1.2024, 12h-Nachrichtensendung).

2   Wieso „Digital*zeitalter*"?

Worauf kommt es an, wenn man ein Zeitalter historisch deuten möchte?[1] Zeitalterbezeichnungen sind teilweise sehr allgemein gehalten wie im Falle von Altertum, Mittelalter und Neuzeit. Solche Bezeichnungen heben die zeitliche Abgeschlossenheit hervor, sind aber inhaltlich recht unspezifisch. Bezeichnungen für unabgeschlossene, sprich gegenwärtige Zeitalter, stehen in der Regel im Wettbewerb mit weiteren gängigen Bezeichnungen, die andere Charakteristika der Gegenwart herausheben wie etwa „Moderne". Daneben ist in Bezug auf unsere Gegenwart „Zeitalter der Globalisierung" in Gebrauch, weitere Begriffsschöpfungen wie „Zeitalter der Einsamkeit" oder „Zeitalter des Neoliberalismus" sind vorhanden, werden aber seltener eingesetzt. Ein wenig Konkurrenz macht dem „Digitalzeitalter" immer noch „Computerzeitalter" oder auch „Zeitalter der künstlichen Intelligenz". Es gibt noch mehr: Während die einen weiterhin vom digitalen Zeitalter reden, befassen sich die anderen schon mit „postdigitalen" Phänomenen – womit keineswegs Quantentechnik gemeint ist. Von „postdigital" wird gelegentlich seit dem Ende der 1990er Jahre gesprochen, vor allem im Bereich von Kunst und Kultur. Das Wort besagt, dass sich Digitalität allgemein und überall durchgesetzt hat und alles Weitere darauf aufbaut. Digitales Zeitalter und postdigitales Zeitalter hängen semantisch eng zusammen: Das Zeitalter kann deshalb digital genannt werden, weil sich Digitalität überall durchsetzt; ist das umfassend geschehen, beginnt die postdigitale Phase. Allgemein vom postdigitalen Zeitalter zu sprechen, erscheint aber wie eine Vorwegnahme eines Zustandes, der erst in einigen Jahrzehnten erreicht sein wird.

Höchstwahrscheinlich wird sich in einigen Jahrzehnten ein Begriff wie „Quantenzeitalter" etablieren. Jedenfalls scheint es sprachliche Vorboten zu geben, denen eine Bewertung des Digitalzeitalters als lediglich einem Zwischenzeitalter zugrunde liegt. Es ergibt sich, ausgehend vom Sprachgebrauch, diese Reihenfolge: Das Computerzeit-

---

1   In der Geschichtswissenschaft gibt es eine reichhaltige Literatur zum Thema der Zeitalter, auf die ich hier nicht eingehen möchte. Genannt sei aus der Politikwissenschaft die Habilitationsschrift von Samuel Greef, der der Frage, was das Digitalzeitalter ist, ein Kapitel widmet: Greef (2023), hier Kap. II „Das digitale Zeitalter: Transformationen und Herausforderungen".

alter folgte auf das Atomzeitalter, das Digitalzeitalter auf das Computerzeitalter, und auf das Digitalzeitalter wird vielleicht das Quantenzeitalter folgen.

„Gegenwart" und „Moderne" sowie „Digitalzeitalter" sind relativ weit gefasst und können durchaus synonym verwendet werden. Im Grunde beziehen sie sich auf alles, was unsere Zeit ausmacht, egal, ob es anders als früher, mithin neu ist, oder in einer Kontinuität zu früher steht. Das könnte zwei Betrachtungsperspektiven abgeben, allerdings sind „anders/neu" und „Kontinuität" meistens nicht deutlich getrennt, sondern fließen ineinander. Es fehlt die Trennschärfe.

Der Bezeichnung „Digitalzeitalter" eignet Globalität. Es gibt sie nicht nur im Deutschen, darf vermutet werden. Okay, lässt sich das genauer erfahren? Freilich! Ich logge mich in meinen ChatGPT-Account ein und stelle dem Chatbot die Frage: „In welchen Sprachen kommt der Begriff ‚digitales Zeitalter' vor?" Der Chatbot listet mir den Begriff in der jeweiligen Sprachversion folgender *europäischer* Sprachen (nach denen ich nicht speziell gefragt habe) auf: Dänisch, Deutsch, Englisch, Finnisch, Französisch, Italienisch, Niederländisch, Norwegisch, Polnisch, Portugiesisch, Schwedisch, Slowakisch, Spanisch, Tschechisch, Türkisch und Ungarisch. Die vom Chatbot gewählte Reihenfolge ist nicht alphabetisch, ich habe die Sprachen hier nur der Übersichtlichkeit halber so geordnet. Es wird ein Hinweis darauf angeschlossen, dass der Begriff in vielen weiteren Sprachen existiert.

Ich insistiere etwas und frage nach dem Begriff in asiatischen Sprachen. Als Beispiele nennt der Chatbot Chinesisch vereinfacht und traditionell, Indonesisch, Japanisch, Koreanisch, Thailändisch und Vietnamesisch. Der Hinweis, dass das nur eine Auswahl darstelle, fehlt nicht.

Da ich Wissenschaftler bin, ist es schwer, meine Neugierde zu befriedigen. Ich frage weiter nach Polynesischen Sprachen. Geliefert wird eine ehrliche und im Grunde erwartbare Antwort:

> In Polynesien gibt es viele verschiedene Sprachen und Dialekte, aber ich konnte keine spezifischen Begriffe für ‚digitales Zeitalter' in einer der polynesischen Sprachen finden. Es ist jedoch möglich, dass der Begriff in einigen Polynesische [sic!] Sprachen existiert oder dass es eine [sic!] ähnliche Konzept gibt, das sich auf die Auswirkungen der Technologie auf die Gesellschaft bezieht. Es ist jedoch auch möglich, dass der Begriff einfach nicht so verbreitet ist oder dass es andere Schwerpunkte gibt, auf die sich die Sprachen konzentrieren.[2]

Ob die Antworten des Chatbot nicht nur schlüssig klingen, sondern auch zutreffen, lässt sich z. B. mit Hilfe des (sinngemäßen) Artikels „Digitalzeitalter" in den vielen Sprachversionen der Wikipedia überprüfen. Wikipedia gehört zu den Ikonen des Digitalzeitalters. Das bezieht sich sowohl auf die Art und Weise, wie Wikipedia funktioniert, nämlich durch kollaboratives Arbeiten und Nutzung von Schwarmintelligenz

---

2   Der Chat fand am 3. Mai 2023 statt.

zum Vorteil Aller, als auch darauf, dass nichts besser als diese Enzyklopädie die (im Detail freilich lückenhafte) Vernetzung riesiger Wissensbestände und deren niederschwellige Zugänglichkeit für Alle repräsentiert.[3]

Wikipedia hat hier den Vorteil gegenüber der Nutzung von Übersetzungsmaschinen, die sich nach bisherigem Entwicklungsstand nicht in jedem Fall zuverlässig auf den *tatsächlichen* Sprachgebrauch stützen, dass man schnell erkennt, ob der vom Chatbot aufgelistete Begriff tatsächlich der üblicherweise benutzte ist oder nicht, bzw. ob es sich eher um eine wörtliche Übersetzung des deutschen Begriffs durch die Übersetzungsmaschine handelt, die in der Form in der Sprechpraxis aber nicht oder nur seltener verwendet wird, obwohl sie sprachlich korrekt gebildet wurde. Tatsächlich ist es dann auch so, dass die vom Chatbot aufgelisteten Versionen zum Teil zwar korrekte Übersetzungen darstellen, aber nicht den tatsächlichen Sprachgebrauch widerspiegeln.

Wer gewohnt ist, mit Chatbots, Wikipedia, Übersetzungsmaschinen und anderen digitalen Helfern umzugehen, sieht die vielen „Aber", die unausgesprochen mein Chatbeispiel begleiten. Die Zuverlässigkeit der erzielbaren Resultate schwankt zwischen „sehr hoch" und „gering". Auch das ist ganz allgemein für das Digitalzeitalter und nicht nur für die aktuelle Generation künstlich-intelligenter Chatbots charakteristisch.

Angesichts des Variantenreichtums an parallel verwendeten Zeitalterbezeichnungen stellt sich die Frage, ob „Digitalzeitalter" vielleicht die dominierende Epochenbestimmung ist, hinter der andere zurückstehen? Am Beispiel des Deutschen erweist sich unschwer, dass die gewohnten Epochenbezeichnungen Antike, Mittelalter, Renaissance, Neuzeit, Moderne, ja sogar etwas spezielle Schöpfungen wie Zwischenkriegszeit und Nachkriegszeit weitaus häufiger verwendet werden als „digitales Zeitalter" bzw. „Digitalzeitalter". Selbst wenn man die Kasusflexionen miterhebt (digitale, digitales usw.), ändern sich die Relationen kaum.[4] Im Englischen ist der Befund ähnlich, gleichwohl muss man sich bewusst sein, dass der Befund in Bezug auf Häufigkeitsrelationen der Zeitalterbezeichnungen inklusive „digitales Zeitalter" von Sprache zu Sprache variieren kann. Hier eine global zutreffende Aussage zu treffen, ist selbst im Zeitalter von KI nach Art von ChatGPT schwierig![5]

Schauen wir einmal zum Vergleich auf das Chinesische (Chinesisch vereinfacht): Die Entsprechungen lauten zu „Mittelalter": 中世纪; zu „Neuzeit": 近代; zu „Moderne": 现代; zu „digitales Zeitalter": 数字时代.[6]

3　Kritische Aufarbeitung der Geschichte der Wikipedia, ihrer Praxis und Wirkung: Rahmstorf (2023).
4　Google Ngram Viewer: https://tinyurl.com/26hjs942.
5　Die Frage, was ChatGPT kann oder nicht kann, hat viele Zeitungsredakteur*innen beschäftigt, in den ersten Monaten nach Freischaltung von ChatGPT waren die Zeitungen voll mit Testberichten. Inzwischen gibt es natürlich auch wissenschaftliche Untersuchungen wie z. B.: Tuschling et al. (2023); der Band enthält 29 Chat-Protokolle.
6　Ich danke Georg Lehner, Wien (Historiker und Sinologe), für die Überprüfung der chinesischen Schriftzeichen und die Klärung der Frage, ob die chinesischen ‚Wörter' auch tatsächlich als Epochenbezeichnungen eingesetzt werden. (16.5.2023)

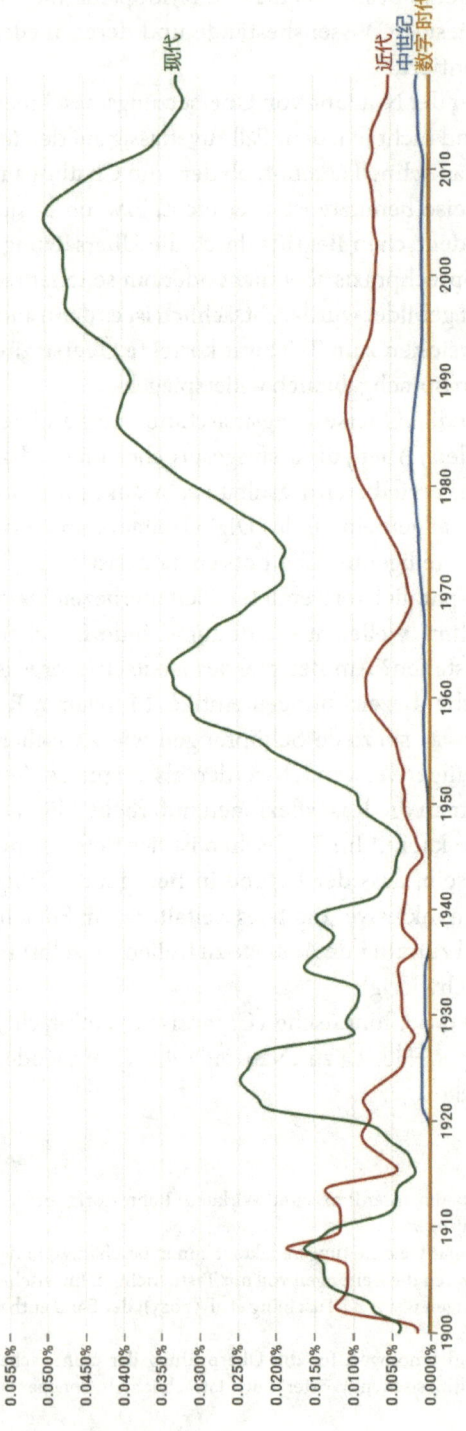

Grafik 1 Kurven von oben nach unten (1900 bis 2019, Chinesisch vereinfacht, Smoothing 3): „Moderne", „Neuzeit", „Mittelalter", „digitale Zeitalter" (Google Ngram Viewer, https://tinyurl.com/google-ngram-viewer-chinese).

Am sinnvollsten ist der Vergleich mit „Moderne" (现代) (in der Grafik die oberste Kurve), da diese Bezeichnung im Chinesischen schon um 1900 eine wichtige Rolle spielt und sich auf die große globale Herausforderung der damaligen Epoche bezieht, die durch „die Moderne" an alle Staaten und Gesellschaften herangetragen wurde. „Mittelalter" und „Neuzeit" sind im Vergleich dazu stark „europäisch" aufgeladen. Das heißt, die Grundrelation, dass „digitales Zeitalter" traditionelle Epochenbezeichnungen wie „Moderne" noch lange nicht in den Hintergrund drängt, lässt sich auch im Chinesischen, der Sprache einer überaus digital-affinen Bevölkerung und (aus differenten Gründen) digital-affinen Regierung, feststellen.

Der Sprachgebrauch trägt dem Umstand, dass „Digitalzeitalter" keinen Bruch mit der Moderne darstellt, Rechnung.

„Digitalzeitalter" drückt, dem prinzipiell Grenzenlosen des Digitalen entsprechend, ein Weltzeitalter aus. Trotzdem ist das Epochenthema „Digitalzeitalter" noch nicht wichtiger als andere Epochenthemen. Vielleicht eignet dem Digitalzeitalter wahrnehmungsmäßig tatsächlich der Charakter eines Zwischenzeitalters. Die frühere Bezeichnung „Computerzeitalter", die ab den 1960er Jahren häufiger wurde, hat ihren Häufigkeitszenit bereits Ende der 1980er Jahre überschritten, während die Häufigkeitskurve für „(das) digitale Zeitalter" ab 1990 steil aufsteigt.[7] Die ebenfalls ansteigende Kurve für „Digitalzeitalter" bestätigt das. Der Ausdruck „Zeitalter der künstlichen Intelligenz" ist seinerseits bereits in den 1990er Jahren gelegentlich in Gebrauch, die Häufigkeit ist zuletzt auf noch niedrigem Niveau angestiegen. Angesichts des derzeitigen KI-Hypes wird sich „Zeitalter der künstlichen Intelligenz" vielleicht vorübergehend durchsetzen können.

Die Aufteilung der Zeit in Zeitalter ist, historisch betrachtet, eher eine europäische Gewohnheit gewesen. Anderswo, z. B. in China, war es üblich, nach den Herrscherdynastien zu rechnen, aber nicht nach Zeitaltern. Die europäische Zeitaltereinteilung inkl. der Rechnung „vor" bzw. „nach Christi Geburt" wurde im Zuge des den Kolonialismus begleitenden Eurozentrismus weltweit verbreitet. Sie ist daher in sehr vielen Sprachen gegenwärtig und wird aktiv verwendet, aber ihre Entstehung war nicht global.

Das Auftreten von neuen Zeitalternamen gibt weit über die Geschichtswissenschaft hinaus zu denken. Die Entstehungsbedingungen von „Digitalzeitalter" unterscheiden sich von denen bisheriger Namensgebungen: Die im Kontext der frühneuzeitlichen europäischen Kulturgeschichte entstandenen Zeitalterbegriffe wie Altertum, Mittelalter und Neuzeit waren gelehrte Schöpfungen, die lange brauchten, bis sie sich gesellschaftlich durchsetzten. Und sie setzten sich nur deshalb durch, weil die gelehrten bzw. gebildeten Schichten der Meinung waren, in der Schule müsse (1) Geschichte und (2)

---

7   http://tinyurl.com/google-ngram-viewer-KI.

Geschichte nach dieser Epochenaufteilung, die die traditionelle heilsgeschichtliche Lehre auf der Grundlage der Bibel zersetzte, gelehrt werden.

Bezeichnungen wie Computerzeitalter und Digitalzeitalter hingegen benötigten weder Gelehrte, die etwas für richtig und notwendig hielten, noch die Schule, um sich zu etablieren, noch die Zersetzung eines religiös-teleologischen Weltverständnisses.

Das, worum es ging, war Teil öffentlicher Rede und öffentlicher Diskurse, es betraf nach dem Zweiten Weltkrieg von Jahr zu Jahr auf der ganzen Welt immer mehr Menschen: Die Wurzeln des Computers reichen zwar mindestens bis zu Gottfried Wilhelm Leibniz (1646–1716) in die Jahre um 1700 zurück, aber *alltäglich*, und das für viele Menschen, wurde er erst 280 Jahre später. Erst von da an popularisierte sich die Bezeichnung Computerzeitalter. Mit der Einführung des P(ersonal) C(omputer) ca. Mitte der 1980er Jahre und wenige Jahre später des Web, das schnell ein W(orld)W(ide)W(eb) wurde, stieg die Zahl der betroffenen Menschen exponentiell an. Das potenzierte sich erneut mit der Kommerzialisierung des Smartphones ab dem Ende der 1990er Jahre (Ericsson 1999) und erst recht mit dem iPhone von Apple ab 2007. Und nun wird mit KI ein nächster Schritt getan, der alle betrifft.

Über das, was viele im Lebensalltag betrifft, wird öffentlich kommuniziert, und um die Kommunikation ziemlich komplexer Sachverhalte zu vereinfachen und flüssig zu halten, werden Namen vergeben, bei deren Nennung alle Kommunikationsteilnehmer*innen in etwa wissen, worum es geht. Weil alles irgendwie digital ist oder mit Digitalität zu tun hat, hat sich in der globalen öffentlichen Kommunikation informell ein Konsens darüber hergestellt, dass das Zeitalter, in dem wir leben, ein „digitales Zeitalter" ist. Es *ist* das Digitalzeitalter oder digitale Zeitalter. Die Zeitalterbezeichnung ist somit nicht wie früher europäisch-gelehrten, man könnte sagen, elitären Ursprungs, sondern Ergebnis eines kollektiven globalen Kommunikationsprozesses, wie er für Globalität kennzeichnend ist. „Globalität" bedeutet, dass „etwas" *tatsächlich* global auftritt und vorzufinden ist, nachdem dieses „etwas" jahrzehntelang globalisiert wurde.

Wie jedes andere Zeitalter setzt sich auch das Digitalzeitalter aus vielen miteinander verbundenen Prozessen zusammen. Das, was sich ändert, sind die Prozesse. Neue oder alternative Zeitalterbezeichnungen greifen solche prozessualen Veränderungen auf und bringen sie auf den Begriff.

Das Digitalzeitalter ist unabgeschlossen. Beim Begriff „Zeitalter" mag man vielleicht zunächst an etwas Beendetes denken, aber das trifft nur auf einen Teil der bekannten Zeitalterbezeichnungen zu. In der Renaissance kam der Begriff der „neuen Zeit" oder „Neuzeit" auf, die vom vorangegangenen mittleren Alter (woraus später „Mittelalter" wurde) und der Zeit der Antike unterschieden wurde. Mit neuer Zeit oder Neuzeit war die eigene Gegenwart gemeint. Ähnlich verhält es sich mit dem Zeitalternamen der „Moderne", die noch andauert. Mit anderen Worten: Es ist gängig, zwischen zwei Zeitaltertypen zu unterscheiden – den abgeschlossenen und den unabgeschlossenen.

Zu letzterem Typus gehört das Digitalzeitalter. Die *Unabgeschlossenheit* ist eine Eigenschaft des Digitalzeitalters. Es kann nicht *rückschauend* bewertet werden.

Menschen machen sich über die Zeit, in der sie leben, Gedanken und reden darüber. Sie versuchen, diese zu deuten und zu verstehen. Die Deutungsversuche sind Teil eines Zeitalters. Bei genauerem Hinsehen mündet zumindest ein Teil der Deutungen in, neutral ausgedrückt, Konstruktionen oder, kritisch ausgedrückt, in *Mythologisierungen*, die meistens schon Jahrzehnte, bevor sie dann offensichtlich werden, entstehen. Die Neigung, plausible Vorausahnungen wie sie George Orwell mit dem Buch „1984“ im Veröffentlichungsjahr 1949 lieferte, als mittlerweile in Realisierung befindlich zu interpretieren, ist sehr groß. Darüber wird schnell vergessen, dass historisch die omnipräsente soziale Überwachung der Menschen, die jahrhundertelang wichtiger als die herrschaftliche Überwachung war, ebenfalls unfrei machte. Wie auch immer, jedes Zeitalter bringt Mythologisierungen hervor, die praxiswirksam sind.

3   Geschichte und Zukunft des Digitalen

Fundierte Spekulationen darüber, was die fortschreitende globale Digitalisierung für die Zukunft bringt, sind spannend – und natürlich lässt sich das Thema der Zukunft nicht aus einem Buch über das Digitalzeitalter heraushalten. Sich als Historiker*in für die Zukunft zu interessieren[1], ist naheliegend, da die Geschichte, um es mit Reinhart Koselleck (1923–2006)[2] zu sagen, „vergangene Zukunft" ist. Die, aus heutiger Sicht, Zukunft des Digitalzeitalters wird später einmal „vergangene Zukunft" sein. Der Blick zurück, der für die Geschichtswissenschaft zunächst maßgeblich ist, entsteht in der Gegenwart und findet in dieser seinen Anlass. Die Zukunft, sei es als Spekulation, weil sie noch fern ist, sei es als das bereits Spürbare, weil es sich um die nahe Zukunft dreht, ist ebenso wie die Geschichte Teil der Gegenwart. Dass die Zukunft bald einmal eine vergangene sein wird, ist darin schon angelegt und Teil gegenwartsgeschichtlicher Betrachtungen.

Historiker*innen und Geschichteinteressierte sind sich der Bedeutung von Zufällen in der Geschichte bewusst. Das heißt zugleich, dass weder die Gegenwart noch die nahe Zukunft so einfach im Sinne der großen Pfadabhängigkeit allen Geschehens (das in der rückblickenden Aufarbeitung und Interpretation zu „Geschichte" wird) vorhergesagt werden können. Wir wissen nicht, welche Zufälle eintreten werden, die bereits erfolgte Weichenstellungen abändern. Trotzdem gibt es diese allgemeine „große" Pfadabhängigkeit *auch*, denn Zufälle hin oder her, nichts was geschieht, ist ausschließlich willkürlich oder zufällig. Ein Zufall mag eine Weiche anders stellen, aber der Weg ab da führt nicht durch Niemandsland, sondern durch tradierte Kontexte aller Art. Vieles folgt eingeschlagenen Pfaden, weist Muster auf, die sich wiederholen, ist in langlebige Strukturen eingebettet, die wir gerne als *longue durée* bezeichnen, vieles aus der Geschichte wird als Modell und Vorbild interpretiert und daher bewusst erhalten bzw. konserviert; und so fort.

---

1   Schmale (2017).
2   Koselleck (1979).

Dass das so ist, mag ein wenig beruhigen, zumindest spricht das dafür, dass Veränderungen, Transformationen, bei genauerer Betrachtung doch eher *langsam* vor sich gehen, auch im Digitalzeitalter. *Langsam* heißt, wir haben Zeit, die Entwicklungen zu beobachten und zu verstehen, um daraus die erforderlichen Schlüsse zu ziehen, Weichen anders zu stellen. Ob es gelingt, dies oder das abzubremsen, wie es aktuell in Bezug auf die rasend anmutende Fahrt der KI diskutiert wird, ist trotzdem fraglich.

Die Ungewissheit über das Ergebnis, das man in einigen Jahrzehnten einmal wird betrachten können, bleibt bestehen. In einigen Jahrzehnten werden die Menschen noch nicht robotoid sein, aber in 250 Jahren könnte das der Fall sein – oder auch nicht. Das ist und bleibt spekulativ. Analysieren lässt sich, ohne spekulativ sein zu müssen, die Transformation der Konstruktion von Wirklichkeit (Kapitel 10). Diese wird zunehmend digital konstruiert. Das bedeutet nicht einfach nur, dass die „soziale Konstruktion von Wirklichkeit" nunmehr digital abläuft, vielmehr wird die Gesellschaft in diesem Prozess ganz im Gegensatz zum bisherigen geschichtlichen Verlauf in ihrer Bedeutung gemindert wenn nicht marginalisiert. Der Mensch muss nicht robotoid werden, um den Kampf gegen die Tyrannis als allgemeine Lebensform zu verlieren, er verliert ihn schon jetzt, weil er sich der *digitalen Konstruktion* von Wirklichkeit ausgeliefert hat, die geeignet ist, die Gesellschaft aus dem Konstruktionsspiel heraus zu manövrieren.

4   Die Moderne im Gewand des Digitalzeitalters

Geschichtliches zum Werden des Digitalzeitalters ist in zahllosen Publikationen bei-läufig oder ausdrücklich zu finden. Man erfährt dort das Wichtigste zur Entstehungs-geschichte des Computers, des WWW, der KI und anderer Themen.[1] Eine umfassen-dere historische Kontextualisierung innerhalb der Moderne findet meistens jedoch nicht statt. In der *longue durée*, in der langen historischen Dauer betrachtet, relativiert sich vieles, und die Neigung, etwas als historisch bahnbrechend, revolutionär oder dis-ruptiv anzusehen, nimmt ab.

Meine These ist, dass das Digitalzeitalter, begibt man sich jenseits aller Aufgeregt-heit und Schrillheit, nur so tut, als sei es etwas anderes als die Fortsetzung der soge-nannten Moderne mittels digitaler Techniken. Diese These steckt im Titelstichwort „Irrtum" des sechsten Kapitels, wo ich das etwas breiter ausführen werde.

Aber leben wir nicht in der „Postmoderne"?! Dass wir uns in der „Postmoderne" befänden, sagt mittlerweile kaum mehr jemand. Die Debatte darum war intellektuell anregend, mündete aber letztlich in einer Sackgasse. Aktuell erleben wir ein Revival der schlimmsten Aspekte der Moderne, zu denen Neokolonialismus und Neoimperia-lismus sowie die Zerstörung der Demokratie zählen, sekundiert von der wachsenden Bereitschaft, Politik in die Hände „starker Männer", also „Führer" oder Diktatoren le-gen zu wollen. Die Verfügbarkeit von Digitalität in vielen Bereichen erleichtert diese Vorgänge und die Herrschaftsausübung.

Die Moderne im Schlechten hinter sich zu lassen und nur im Guten fortzuführen, ist nicht gelungen. Die sich in der Praxis *ambivalent auswirkenden* Paradigmen der Mo-derne wie „Fortschritt", „Wachstum", „Konsumismus", „Wissenschaft" und viele andere mehr sind geblieben. Reicht das für eine Verbesserung der Zukunftsaussichten, die durch menschengemachten Klimawandel, Umweltzerstörung, Zerstörung der Le-bensgrundlagen von Millionen von Menschen durch Krieg, Korruption, rücksichts-

---

1   Die Entstehung des WWW, beispielsweise, wurde vom „Erfinder" selber aufgeschrieben: Berners-Lee/ Fischetti (2000) Vgl. dazu auch: Alesso/Smith (2009).

lose terroristische Machtpolitik, die mit der organisierten Kriminalität eng verwoben ist, stark verdunkelt sind?

Die Wurzeln der Moderne reichen in der Zeit weiter zurück, mindestens bis in die Renaissance, aber erst die Aufklärung boosterte die im späteren 19. Jahrhundert so getaufte Moderne. Die Aufklärung bedeutete einen vielstimmigen intellektuellen und erkenntnistheoretischen Aufbruch, aus dem heraus sich ganz unterschiedliche Praktiken entwickeln konnten – sowohl totalitäre wie demokratisch-human(itar)istische.[2] Diese Ambivalenz der Möglichkeiten und Potenziale, die auf die Aufklärung zurückgeht, strukturiert auch das Digitalzeitalter. Solange sich nicht der digitale Human(itar)ismus durchgesetzt hat, gibt es keine Postmoderne, sondern nur die Moderne.

Kennzeichnend für die Moderne ist von Beginn an ihre Wissenschaftsbasiertheit. Im Lauf der Zeit hat sich so etwas wie eine „digitale wissenschaftliche Vernunft" etabliert, die sich auf unser digitales Leben entscheidend auswirkt. Ohne Wissenschaft geht gar nichts mehr, denn Digitalität ist inzwischen allumfassend, und Digitalität ohne Wissenschaft gibt es nicht. Ähnlich lässt sich sagen, dass es kaum mehr Wissenschaft ohne Big Data gibt. „Wissenschaft" ist daher ein bestens geeigneter Ansatzpunkt, um das Verhältnis von Moderne und Digitalzeitalter zu illustrieren.[3]

In der Frühen Neuzeit wurde die moderne Wissenschaft als Datenwissenschaft begründet. Die „wissenschaftliche Methode" ist nichts anderes als Wissenschaft von den Daten.

Ernst Cassirer befasste sich in seinem berühmten Buch „Die Philosophie der Aufklärung" (1932)[4] eingehend mit der Methodenrevolution in der Frühen Neuzeit, speziell im 18. Jahrhundert. Die eigentliche Grundlage dessen, was später „Aufklärung" genannt wurde, ist diese Methodenrevolution, die das wissenschaftliche Erkennen den Aussagen der Bibel vorzog und damit einen fundamentalen Paradigmenwechsel durchsetzte.

Im Grundsatz ging es darum, zu erkennen, was ist die Natur insgesamt und die Natur des Menschen im Besonderen. Der Weg dahin sollte über genaue Beobachtung führen, die zu beobachtenden Phänomene sollten bis in die kleinstmöglichen Einheiten zerlegt werden. Das Material war da – R. Reichert schreibt von „früheren materiellen Datenkulturen".[5] Hinzukam die Mathematik, um Gesetzmäßigkeiten auszudrücken.

Hier interessiert weniger der Streit mit der Religion, der unausweichlich wurde und wie anderes die Moderne charakterisiert, sondern der Umstand, dass die wissenschaftliche Methodik nicht nur eine für die Naturwissenschaften war, sondern generell für

---

2 Schmale (2021).

3 Der folgende thematische Abschnitt zu Wissenschaft als Datenwissenschaft, zur digitalen wissenschaftlichen Vernunft und zu Big Data verwendet Textbausteine aus: Schmale (2020); Schmale (2015); Schmale (2013/2014b). Die Texte wurden überarbeitet. Ein repräsentatives Beispiel für frühneuzeitlichen „data-driven research" ist Carolus Linnaeus, es wird von Müller-Wille/Charmantier (2012) ausführlich dargelegt.

4 Cassirer (1932).

5 Reichert (2014), 11. Driscoll (2012). Zur Geschichte des Datensammelns: Schmale (2014), Kap. 2.

Wissenschaft, also auch für die später so genannten Geistes- und Kulturwissenschaften bzw. heute „Humanities".

Cassirer verwendete gelegentlich in dem genannten Buch die lateinischen Begriffe „Datum" und „Data". Gemeint ist damit prinzipiell das, was wir heute als „Data"/ „Daten" bezeichnen, kleinste sinnvolle Einheiten, die in Mengen wenn nicht Massen vorliegen und aus denen wir mittels definierter Methoden Erkenntnis ziehen können.

Tatsächlich kann man sagen, dass die modernen Wissenschaften von Anfang an – als Anfang wird die Methodenrevolution genommen – als Datenwissenschaften gedacht wurden. Was immer analysiert wurde, wurde in seine „Data" zerlegt. Analysieren beginnt damit, das Untersuchungsobjekt in Daten zu zerlegen.

Das trifft z. B. auch auf die immer wichtiger werdende Textkritik und letztlich die entstehende „historische Methode"[6] zu. So werden seit dem 17. Jahrhundert die Texte der Bibel zerlegt. Je nachdem, wie diese Zerlegungsdaten betrachtet werden, zeigen sich die historischen Schichten der Texte, was wiederum der Annahme, es handele sich um offenbarte Texte, widerspricht. An diesem Beispiel ist gut zu erkennen, dass in der Frühen Neuzeit eine wissenschaftliche Methodenrevolution stattfand – die bis heute Wissenschaft grundlegt!

Das betrifft ganz wesentlich auch die Erforschung des Menschen in der Geschichte, den „historischen Menschen": Er wird einschließlich seiner Handlungskontexte ebenfalls in Daten zerlegt, um methodisch stringent analysiert werden zu können. Das, was uns Zeitgenoss*innen selber passiert, wenn wir vernetzte digitale Technik nutzen, nämlich eine digitale Identität zu kreieren, ist längst auf den Menschen in der Geschichte übertragen worden.

Jede wissenschaftliche Analyse bedeutet Erzeugung von Daten, deren Beziehungen zueinander, untereinander bzw. deren Fehlen beschrieben wird. Das „Beschreiben" ist nicht nur als Produktion eines wissenschaftlichen Textes zu verstehen, der die Analysen mitteilt, sondern kann genauso gut mathematisch geschehen, woran sich eine Visualisierung der Analyse anschließt.

Spricht man heutzutage von Daten, sind eigentlich immer digital vorliegende Daten gemeint. Der Begriff „digitale wissenschaftliche Vernunft" bezieht sich auf diesen Umstand und den Umgang der Wissenschaften mit Daten.

Digitalität wird, mit besonderem Blick auf die Geistes- und Kulturwissenschaften, entscheidend durch Rationalisierung, Verflüssigung, Entgrenzung, Dekontextualisierung und Personalisierung sowie durch das Veränderungspotenzial, das Digitalität für diese Wissenschaftsgruppe besitzt, charakterisiert. Rationalisierung, Verflüssigung, Entgrenzung, Dekontextualisierung, Personalisierung und gegebenes Veränderungspotenzial sind Kernelemente der Moderne sowie der „digitalen wissenschaftlichen Vernunft".

---

6   Rüsen (2013), Kap. V: „Methodik – Die Regeln der historischen Methode", 167–190.

Digitalität fasst die Rolle und Funktion digitaler Medien, digitaler Techniken und von Digitalisaten in einem Begriff zusammen; der Begriff meint daher auch digitale Verfahrensweisen der Kommunikation, das Arbeiten mit Digitalisaten, letztendlich die möglichen Veränderungen von Wissenschaften durch das Digitale.

Bestimmte digitale Medien sind das Ergebnis wissenschaftlicher Forschung und Experimente im Rahmen wissenschaftlicher Großprojekte. Für Internet und Web als im engeren Wortsinn digitale Medien gilt das ganz besonders. Ihr Funktionieren hat wissenschaftliche Methoden inkorporiert, die die Nutzer*innen unmittelbar und beim täglichen Gebrauch außerhalb jeder wissenschaftlichen Intention etwas angehen. Ein, beispielsweise, Algorithmus ist einerseits Ausdruck einer bestimmten wissenschaftlichen Frage-Methode, kann aber andererseits sehr leicht für nicht-wissenschaftliche Zwecke ge- und missbraucht werden.

Ein souveräner Umgang mit digitalen Medien selbst im Alltag macht die Beherrschung und Anwendung von im Grunde wissenschaftlichen Recherchemethoden zur Voraussetzung. Je besser man diese kennt und beherrscht, desto mehr hat man von digitalen Medien; je weniger gut man das kennt und beherrscht, desto geringerwertiger sind die erzielten Ergebnisse und desto leichter tappt man in die bekannten Fallen oder kentert in den Untiefen von Suchmaschinen, Sozialen Netzwerken, online-Enzyklopädien oder Antworten von Chatbots.

Digitale Technologien führen zu Rationalisierung, Verflüssigung, Entgrenzung, Dekontextualisierung und Personalisierung. Jede Weiterentwicklung der digitalen Medien und Techniken (ausdrücklich nicht gemeint sind an dieser Stelle Inhalte) ist immer global angelegt sowohl in Bezug auf das Digitale selbst wie in Bezug auf den Verbreitungs- und Anwendungsraum. Das gilt ungeteilt für positive wie negative Aspekte, das gilt ungeteilt für wissenschaftliche wie für nicht-wissenschaftliche Anwendungen und alle Zwischenbereiche. Das ist eine Folge von Entgrenzung als Prinzip und bedeutet, dass auch wissenschaftliche frei zugängliche Anwendungen grundsätzlich der Durchdringung des digitalen Universums mit Kommerzialisierung und den damit verbundenen Machtstrukturen unterworfen sind.

Silvio Vietta hat in seinem Buch über „Rationalität. Eine Weltgeschichte"[7] die geschichtstreibende Kraft von Rationalität seit der Antike beschrieben und geht dabei auf eine Vielzahl von Rationalisierungsprozessen ein, die im Prinzip niemals zurückgebaut, sondern immer weiter ausgebaut werden. Globale Digitalität stellt ein Ergebnis mehrerer Rationalisierungsprozesse dar und treibt solche weiter voran. In dieser Perspektive der sehr langen Dauer würde das Digitalzeitalter nicht nur die Moderne prolongieren, sondern die bereits in der Antike entwickelten Prinzipien von Rationalität und Rationalisierung im globalen Maßstab weiter verbreiten.

---

7 Vietta (2012).

Verflüssigung und Entgrenzung gehören unter das Dach von Rationalität und Rationalisierung, die trotz ihrer Wurzeln in der Antike vor allem seit dem 18. Jahrhundert mit hoher Energie aufgeladen wurden. Die weiter anhaltende Auffächerung von Wissenschaft in Fächer und innerhalb der Fächer in Teil- und Spezialdisziplinen erfordert schon lange im Gegenzug stärkere Grenzüberwindungsmechanismen wie Vernetzungen. Diese konnten mit institutionellen Mitteln der Vernetzung nicht hinreichend bewirkt werden, während Digitalität dies ebenso erleichtert wie beschleunigt. So kann der Mehrwert immer umfassenderen wissenschaftlichen Wissens zur Geltung gebracht werden.

Entgrenzung besitzt zweifellos sehr viele positive Aspekte: Sie fördert, allein in Bezug auf Wissenschaft, die Trans- und Interdisziplinarität[8], die Verbreiterung und Diversifizierung der Erkenntnisgrundlagen, etwa der Primärquellen, da die gemeinsame Darstellung und Wiedergabe sowie Verknüpfung von Text-, Ton- und Bildquellen aller Art, von Artefakten usw. leicht möglich ist, und selbstverständlich ist der leichte und schnelle Zugriff auf digitalisierte oder digital erstellte Forschungsliteratur ein bedeutender Arbeitsvorteil, der wertvolle Zeit sparen *kann* (nicht *muss*).

Digitale Verflüssigung und Entgrenzung lösen nicht nur Fach*grenzen* wieder auf, sondern sie lösen auch Fach*profile* auf. Ersteres mag willkommen sein, letzteres könnte kontraproduktiv sein. Gerade weil sich faktisch jede*r aktiv als Produzent*in und natürlich „passiv" als Rezipient*in im Internet betätigen kann, bedarf es einer immer höheren Kompetenz der Inhaltsbewertung. Diese Kompetenz erlernt man in der Wissenschaft, mindestens auf die eigenen Fächer bezogen, aber den meisten Internetaktiven fehlt sie. In der Schule wird sie häufig nicht oder nur nachlässig gelehrt, im Studium ist es oft zu spät, weil das Gehirn bereits auf schlampige Methoden programmiert ist. In der Erwachsenenbildung wird einiges für den Kompetenzerwerb durch Erwachsene getan, aber das reicht nicht aus. Was für die Wirkung der Druckerpresse in der Frühen Neuzeit die zunehmende Alphabetisierung war, wäre für das Digitalzeitalter eine stetig anwachsende „Kompetenzisierung" bezüglich der Digitalität zusätzlich zur Alphabetisierung.

Die Entgrenzung führt im digitalen Raum zur *parallelen Präsenz* aller Stufen von Deep Fake bis „top-wissenschaftlich", ohne Trennwände. Problematisch sind die vielen Zwischenstufen, für deren adäquate Nutzung und Einschätzung vielfach die Kompetenz fehlt. Im Digitalzeitalter befindet sich Wissenschaft nicht mehr im Elfenbeinturm, sofern sie nicht absichtsvoll einen solchen durch Registrierungspflicht, Passwort, eventuell Kostenpflichtigkeit aufbaut. Sie verliert ihre Exklusivität, wissenschaftliche Aussagen stehen ggf. auf derselben Wertigkeitsstufe wie Statements der „Friends" auf Facebook oder von Blogger*innen und YouTuber*innen oder von Verschwörungstheoretiker*innen. Es ist nicht global geregelt, wo man mit Gewissheit auf Qualität stößt

---

8   Schmale (2008).

und wo sicherlich nicht. Das hatte das Buch- und Druckwesen, trotz zunehmender Einschränkungen seit 1945, geleistet.

Das ist eine Situation, die die Position von Wissenschaft historisch-kulturell gesehen verändert. Ihr Anspruch auf Autorität in und über die Gesellschaft, der aus ihren Methoden, der Nachprüfbarkeit, der Sorgfalt, der Existenz von Qualitätsfiltern, der Aufrechthaltung von Hierarchien entsteht, funktioniert im Digitalzeitalter so nicht. Influencer*innen können durchaus mehr Autorität kumulieren. Ebenso wenig kann der Anspruch, eine Kontrolle über Wissen in der Gesellschaft ausüben zu müssen und zu können, perpetuiert werden.

Diese Arten von Kontrollverlusten können als willkommene Ergebnisse von Digitalität im Sinne von Demokratisierung bewertet werden, weil sie z. B. eine Rolle beim Sturz von Diktatoren spielen konnten. Die Kehrseite ist, dass nicht nur von Diktaturen ausgeübte Macht und Kontrolle unterlaufen wird, sondern theoretisch jede Art von Kontrolle, derer Gesellschaften aber aus Gründen der Stabilität und der Friedewahrung bedürfen. Im Digitalzeitalter kann sich die Wertigkeit von Wissensbeständen dramatisch wandeln ebenso wie ein Wertegefüge, weil viele Menschen schnell und leicht mit x-beliebigen Inhalten erreichbar und beeinflussbar sind. Hier zeichnet sich ein Weg heraus aus der Moderne ab, dessen Ziel man aber nur dann guten Gewissens teilen kann, wenn der nötige Kompetenzaufbau begleitend und intensiv vorangetrieben wird.

Digitalität erfordert eine Vielzahl von Normierungen und Standardisierungen, ohne die digitale Techniken und Anwendungen nicht funktionieren würden. Normierungen und Standardisierungen sind zugleich Basistechniken der Dekontextualisierung. Ohne sie geht es in der datenbasierten Wissenschaft und Welt nicht, daher muss man sich ihrer Funktionalität bewusst sein.

Wissenschaft arbeitet mit Diskursen, wobei in den Geistes- und Kulturwissenschaften (Humanities) Narrative eine bedeutende Rolle spielen. Internet und Web sind zwar grundsätzlich Kommunikationsmedien, aber ebenso grundsätzlich keine Trägermedien von Diskursen und Narrativen, sondern höchsten von entsprechenden Elementen, die oft unverbunden neben einander stehen. Diskurse und Narrative sind Kontextualisierungsverfahren und repräsentieren selber oft komplexe Kontexte. Digitale Wissenschaft braucht daher adäquate Verfahren zur Kontextualisierung, die Internet, Web und Datenbanken weder automatisch liefern noch leichtfüßig ermöglichen.

Der Einwand, dass so etwas wie ChatGPT diese Aussagen widerlegt, drängt sich zugegebenermaßen auf, aber es ist zu früh, hier bereits endgültige Gegenthesen aufzustellen. Die Nichthintergehbarkeit des Prinzips von Normierung und Standardisierung, die essentieller Teil der Digitalität ist, wirkt auf die Lebenswelt identitätsbildend zurück. Auch hierin zeigen sich die Ketten der Digitalität.

Die „digitale wissenschaftliche Vernunft" hängt bis zu einem gewissen Grad von „Big Data" ab, selbst wenn kleine Datenmengen nicht weniger wichtig sind als große und riesige. Der Unterschied liegt eher darin, dass man mit der Analyse großer Datenmengen andere Fragen beantwortet, als mit der Analyse kleiner Datenmengen, wo gerne von qualitativer Analyse gesprochen wird.

Große Datenmengen erlauben es, Muster zu erkennen, aber eben auch geringfügige Abweichungen innerhalb eines Musters. Nehmen wir als Beispiel die „KI-gestützte Krebsdiagnose für Kinder und Jugendliche" an der Uniklinik Heidelberg[9], wo die scheinbar geringfügigen Abweichungen den lebensrettenden Unterschied ausmachen.

In den Geistes- und Kulturwissenschaften spielt der Eigensinn der Menschen und Gesellschaften, die analysiert werden, eine wichtige Rolle, etwas, das der Suche nach Mustern entgegen zu stehen scheint. Nun lässt sich Eigensinn eher erkennen, wenn auch Muster erkannt werden können. Wo immer eigentlich der Vergleich als Methode dahinter steckt, sind eher mehr als weniger Daten sinnvoll. Die Geistes- und Kulturwissenschaften (Humanities) unterscheiden sich nicht wegen der Daten von den Naturwissenschaften, das methodische Herkommen ist, historisch betrachtet, dasselbe. Sie unterscheiden sich eher dadurch, dass sie ihre im Zuge der Analysen produzierten Daten lange Zeit nicht als solche verstehen wollten und relativ spät mit deren umfassender Digitalisierung begonnen haben.

Nach einer allgemein gehaltenen Definition haben Big Data die drei folgenden charakteristischen Eigenschaften: „high volume, high velocity, and/or high variety information assets".[10] Was ein großes Volumen ist, ist relativ, aber sicher bedeutet es auch für die Humanities eine andere Größenordnung, als man aus herkömmlichen quantitativen Untersuchungen gewohnt ist. Klaus Mainzer sieht Big Data erst im Petabytebereich.[11] Nach boyd [sic!] und Crawford gilt: „Big Data is less about data that is big than it is about a capacity to search, aggregate, and cross-reference large data sets."[12] Nach Mainzer[13] gilt: „Daten erzeugen … Innovationsketten und werden auf Märkten gehandelt." Mainzer schreibt weiter: „Ein wesentlicher Ansatz von Big Data besteht darin, dass man die Inhalte im Detail nicht kennen muss, um bestimmte Informationen aus Daten abzuleiten."[14]

Mainzer geht der Frage nach, ob die „Prophezeiung", dass Big Data das Ende der Theorie sei, stimmt. Die Durchsuchung großer Datenmengen nach Korrelationen ergibt Muster, die für Voraussagen über Trends und Verhaltensweisen genutzt werden. Das Erkennen von Korrelationen spielt auch in den Humanities eine wichtige Rolle – die ganze Geschichtswissenschaft, beispielsweise, beruht im Kern auf der Auffindung von Korrelationen zwischen Mensch, Raum, Umwelt und Zeit. Um Trends und Verhaltensvorhersagen geht es dabei weniger. Korrelationen dürfen freilich nicht mit Kau-

---

9 https://www.klinikum.uni-heidelberg.de/newsroom/ki-gestuetzte-krebsdiagnose-fuer-kinder-und-jugendliche/.

10 Zitiert nach Blanke et al. (2013) (ohne Seitenzahlen, Web-Ressource). S. außerdem Beyer et al. (2012).

11 Mainzer (2014), 232 f.

12 boyd [sic!]/Crawford (2012), 663.

13 Mainzer, ebd., 238.

14 Mainzer, ebd., 240.

salitätsbeziehungen verwechselt werden, diese müssen erst bewiesen werden. Da der Einzelnachweis von Kausalitätsbeziehungen nur eine beschränkte und nicht verallgemeinerbare Erkenntnis beinhaltet, bleibt die Einbettung in Theorie unentbehrlich.

Selbst wenn auch in den Humanities nach Mustern und Strukturen gesucht wird, weiß man um den *Eigensinn der Menschen in jeder geschichtlichen Zeit.* Deshalb haben Forschungen aufgrund von *Selbstzeugnissen* in vielen Forschungszweigen seit zwei bis drei Jahrzehnten Hochkonjunktur, weil hier die *Korrektive zur verbreiteten Fixierung auf Muster und Strukturen* gefunden werden. Alle historischen Kulturen weisen *endemische Anteile* auf, die sich einer Verallgemeinerung entziehen. Das gilt nach wie vor für das gegenwärtige Digitalzeitalter, auch wenn es durch Globalität in vielen Bereichen charakterisiert wird.

Die umfangreiche Wissenschaftsgruppe der Humanities liefert die Grundlagen für die intellektuelle Auseinandersetzung mit dem Digitalzeitalter.[15] Sie ermöglicht es, Digitalität und Globalität der Digitalität in den historischen Prozess einzuordnen und die Folgen für Mensch und Gesellschaft zu analysieren. Sie liefert Massen an Inhalten für digitale Methoden wie A(ugmented)R(eality), sie ist unerlässlich in Bezug auf den Umgang mit dem globalen Kulturerbe, welcher, wie ich es in Kapitel 10, 11 und 12 über digitale Konstruktionen und Archivierungen darlegen werde, wichtig als Ausgleich zur digitalen Konstruktion der Wirklichkeit ist, die die gesellschaftliche Konstruktion der Wirklichkeit zu verdrängen droht.

Globalität (vgl. Kapitel 7) beinhaltet globale strukturelle Ungleichgewichte im Feld der Wissenschaft, die zum Teil noch aus den in der Kolonialzeit geschaffenen Bedingungen herrühren. In dem zur Jahrtausendwende erschienenen Band „Zukunftsstreit"[16] malte der indische Informationswissenschaftler und Szientometriker Subbiah Arunachalam noch ein düsteres Bild in Bezug auf die tatsächlichen Möglichkeiten der meisten Länder der Erde, mittels digitaler Hard- und Software am globalen Wissensaustausch und der globalen Wissensgenerierung sowie -rezeption teilzuhaben.[17] Sehr grob zusammengefasst, fand all dies noch vor 20 Jahren zu 80 % in den industrialisierten Ländern der nördlichen Halbkugel, sprich Europa und Nordamerika, statt. Dazu kamen Asymmetrien, die mit dem historischen Aufbau von Macht in der Wissenschaft, folglich dem für die Moderne charakteristischen Fortdauern von Kolonialität seit dem Kolonialismus, zu tun haben. Wer, wieder sehr vereinfacht zusammengefasst, auf der falschen Halbkugel der Erde Wissenschaft betrieb, hatte – wenige Länder ausgenommen – nur geringe Chancen, international beachtet zu werden, und zwar unabhängig von der Qualität der Person und ihrer Forschung.

Würde man dieselben Erhebungen heute im Jahr 2024 durchführen, würde sich manches deutlich verändert haben, weil das Problem erkannt und Initiativen zum

---

15   Dieser Abschnitt beruht auf Schmale (2013/2014a). Der Text wurde überarbeitet.
16   Krull (2000).
17   Arunachalam (2000).

Gegensteuern auf den Weg gebracht wurden, ohne dass dies zum generellen Abbau der genannten Asymmetrien geführt haben dürfte.[18] Der Zustand der Dekolonialität ist noch nicht erreicht.

Die Eigenschaft der digitalen Technologien, global, das heißt prinzipiell überall dieselben zu sein, unterstützt auch potenziell die Globalisierung ganz allgemein von Wissenschaft, aber hat noch nicht zu symmetrischen chancengleichen Strukturen geführt. Gewisse Machtmonopole in der Wissenschaft – Stichworte Harvard und Ivory League – wirken unvermindert fort, sind vielleicht sogar gestärkt worden, weil sie die Maßstäbe setzen, nach denen sich z. B. die europäischen Universitäten eifrig strecken. Die Kombination in den USA aus einer besonders intensiven Entwicklung der digitalen Technologien und in erster Linie von KI, einerseits, sowie der führenden Rolle jener unter dem Spitznamen Ivory League zusammengefassten Universitäten, andererseits, bedeutet eine historisch-kulturelle Konstellation von großer Machtfülle, die sich im Grunde nahtlos mit der Ausbildung einer bestimmten Form von Medienherrschaft verbindet, die Tim Wu recht treffend als „The Master Switch" bezeichnet hat.[19] Diese Dreieckskonstellation manipulativer Mächte verursacht die genannten Asymmetrien nicht nur zwischen „entwickelten" Ländern und „Entwicklungsländern", sondern auch zwischen den „entwickelten" Ländern.

Der Blick in diesem Kapitel auf das Verhältnis von Wissenschaft und Moderne führt zu einem ambivalenten Ergebnis. Am Anfang von Wissenschaft steht eine Methodenrevolution, die impliziert, dass Wissenschaft immer Datenwissenschaft ist. Das ist Teil der Moderne überhaupt und nicht erst ein Ergebnis des Computer- oder Digitalzeitalters. Man kann sich von der Wissenschaft, die per definitionem Datenwissenschaft ist, nicht die Überwindung der Moderne erwarten. Es hat sich aber trotzdem etwas geändert im Verhältnis der beiden zueinander: Zu Beginn der Moderne schlüpft die (datenbasierte) Wissenschaft unter den Mantel der Moderne, heute, im Digitalzeitalter, schlüpft die Moderne unter den umfassend gewordenen Mantel der (datenbasierten) Wissenschaft.

---

18 Fiormonte (2012) betonte weiterhin sehr stark das Andauern der Ungleichgewichte. Initiativen zum Gegensteuern sind u. a.: Global Partnership for Education (https://www.globalpartnership.org/content/gpe-knowledge-and-innovation-exchange-annual-report-2022-2023) sowie mehrere UN-Programme.
19 Wu (2010).

5   Ambivalente Eindrücke vom Digitalzeitalter

Vom „Digitalzeitalter" oder „Digitales Zeitalter" hören oder lesen wir ständig. Aktuell wird ebenso viel wie laut über „Künstliche Intelligenz" geredet. Die gemachten Äußerungen schwanken zwischen euphorisch und kritisch. Jede Fachmesse, die mit Digitalität zu tun hat, wie beispielsweise die Gamescom (Computer- und Videospiele, zuletzt 23.–27. August 2023 in Köln), wird in den Medien mit einem jubelnden Unterton präsentiert, während andere eben die Spiele, die dort vorgestellt werden, für den Zuwachs an Gewalt in der Gesellschaft verantwortlich machen.

Der Weg zum Smart-Home, der Weg zum Internet der Dinge wird zelebriert, als würde uns das dem Paradies ganz nahe bringen. Andere bestärkt dies in ihrer Verweigerung jeglicher Digitalität; dafür werden Nachteile und Umständlichkeiten im Alltag in Kauf genommen.

Milliarden von Menschen lassen sich so oder anders in sogenannten Sozialen Medien aus und verbringen „dort" (als sei es ein lebenswerter Ort) viel Zeit. Das ist es ihnen wert. Anderen bereitet das psychische Probleme, weil sie digital gemobbt werden, manche treibt es in den Selbstmord. Die Qualität der öffentlichen gesellschaftlichen Kommunikation leidet insgesamt.[1]

Das Digitalzeitalter oder die digitale Transformation sei *disruptiv*[2], ist zu lesen. Das bezieht sich meistens nicht auf die Technik, sondern auf Verhaltens- und Arbeitsweisen in allen möglichen Bereichen (Wirtschaft, Politik, Medizin usw.), die durch Digitalität möglich werden und die gewohnte Verhaltens- und Arbeitsweisen aushebeln und obsolet machen. Ein anderer Ausdruck hierfür ist „beschleunigte Innovation".[3]

Das Zeitalter wird gerne mit dem Begriff „Revolution" verbunden. Dies bezieht sich z. B. auf Medien. Doch schon der Buchdruck mit beweglichen Lettern (seit Mitte des 15. Jahrhunderts) wurde in späterer Zeit als Medienrevolution bezeichnet, weil u. a. die Reformation im frühen 16. Jahrhundert ohne diese Drucktechnik kaum in so kurzer Zeit so erfolgreich gewesen wäre. Nachfolgende neue Medien – von der Fotografie

---

1   Menasse (2023), Tenor des Essays.
2   Zur Definition von „disruptiv" vgl. z. B. Schubert/Schulz-Schaeffer (2019), 151–153.
3   Ebd., 152.

über das Radio, den Film bis zum Fernsehen – stehen ebenso im Geruch des Revolutionären. Und so auch die für Medien aller Art hervorragend nutzbare Digitaltechnik.

Dem steht der Befund gegenüber, dass bisher kein neues Medium – neu im Sinne von anderer, neuer Technik – die bereits existierenden verdrängt hat. Die Techniken werden kombiniert bzw. einfach kumuliert: Wir kommunizieren immer auch noch mündlich von Angesicht zu Angesicht, wir schreiben immer auch noch mit der Hand, wir lesen immer auch noch gedruckte Bücher, Magazine, Zeitschriften usw., wir gehen immer auch noch ins Kino, wir hören immer auch noch Radio, wir schauen immer auch noch Fernsehen. Die verschiedenen Medien reagieren miteinander, beeinflussen sich gegenseitig, es kommt zum Phänomen der Remedialisierung. Innovation entsteht vor allem aus dieser Interaktion heraus, die die „alte" Technik, das „alte" Medium ebenso benötigt, wie die „neue" Technik, das „neue" Medium. Die alten Medien und Techniken werden ggf. umstrukturiert und anders orientiert, die neuen Medien und Techniken strukturieren sich *auch* im Verhältnis zum bereits Vorhandenen.

Daher existiert nach wie vor die *eine* Öffentlichkeit, die durch digitale Öffentlichkeiten und Filterblasen nicht beseitigt werden kann: Nach wie vor erfüllen die „traditionellen" Medien (Zeitungen, Fernsehen, Radio) die Funktion von Kommunikationsknoten. Hier werden Beiträge aus dem Bereich der Sozialen Medien thematisiert und damit, kritisch eingebettet, in die Habermas'sche Öffentlichkeit transportiert – und umgekehrt geschieht das auch, wenn interessante Zeitungsartikel oder Radio- und Fernsehsendungen auf X (Twitter) oder anderswo den Followern avisiert und von denen ggf. weiter verbreitet werden. Soziale Medien mögen Filterblasen stärken, sie bewirken aber auch das Gegenteil. Und nicht jedes „traditionelle" Medium stellt per se das Gegenteil einer Filterblase dar. Die meisten Nutzer*innen machen einen Mischgebrauch der Medien – und wer das schon bisher nicht tat, das heißt, immer nur dieselbe Informationsquelle nutzte, musste dafür nicht auf die Verfügbarkeit digitaler Medien warten.

Digitale Produkte ersetzen ganz generell nicht die bekannten nicht-digitalen Produkte. Es ist nicht zu erwarten, dass mithilfe von KI erstellte Sach- oder fiktionale Texte, komponierte Musik oder kreierte Kunst jene ersetzen bzw. verdrängen, die sozusagen handwerklich aus der menschlichen Kreativität heraus entstehen. Schon lange gibt es keine scharfe Trennlinie mehr. Die Vielfalt wird größer. Man darf das auch nicht nur unter dem Gesichtspunkt des potenziellen Missbrauchs und Betrugs betrachten. Menschen wissen zu unterscheiden, sie spielen mit der Vielfalt und den Übergängen zwischen real und virtuell. Im Zweifelsfall kommen KI-Detektoren zum Einsatz.[4]

Die Vorstellung, dass die Digitalisierung der Lebenswelt alles, was wir kennen, im Guten wie im Schlechten in relativ kurzer Zeit auf den Kopf stellt, mithin revoluti-

---

4   Vgl. als gute Übersicht zum aktuellen Stand von KI-Detektoren am Beispiel von KI-generierten Texten: Hillebrandt (2024).

oniert, ist weit verbreitet, aber falsch. Digitalität steht für vermeintlich unbegrenzte Möglichkeiten, ebenfalls im Guten wie im Schlechten. Am Ende einer langen Entwicklung – und lange Entwicklungen sind weder disruptiv noch revolutionär – könnte der Mensch ein anderer sein, gewissermaßen robotoid, die menschliche Zivilisation eine gänzlich andere, ebenso robotoid – nach Art der Borg in Star Trek[5]. Wäre der Mensch dann noch Mensch? Zumindest wäre er in umfassender Weise durch hyperintelligente Computer tyrannisierbar, wie es Frank Schätzing im Science Fiction Roman „Die Tyrannei des Schmetterlings" ausgemalt hat.[6] Doch nicht ohne Grund ist in Bezug auf solche Szenarien nach wie vor auf Science Fiction zu verweisen, weil unsere Lebenswelt von diesen sehr weit entfernt ist. Nicht davon zu reden, dass Schätzings Computer „Ares" (A. R. E. S.)[7] nicht mit Digital-, sondern Quantentechnik arbeitet (bevor er in einem der Paralleluniversen zu einem biologischen Etwas mutiert).

Gleichwohl, vielleicht muss es so kommen, wie es in den Science-Fiction-Produktionen fantasiert wird, weil die Menschheit in einigen Jahrhunderten den unbewohnbar gewordenen und völlig ausgebeuteten Planeten Erde verlassen muss? Das geht nach gängiger Science Fiction nur, wenn der Mensch zum Cyborg und seine Zivilisation robotoid geworden sind, um im Weltraum unter anderen Bedingungen, als sie auf der Erde herrschen, überleben zu können.

Im Moment scheint die Welt weit entfernt zu sein von einer Annäherung zwischen Realität und Fiktion mittels Digitalisierung: Der Verlauf des Angriffskriegs der Russischen Föderation gegen die Ukraine, der am 24. Februar 2022 begann, wurde wenige Monate nach Beginn bereits mit dem Stellungskrieg im Ersten Weltkrieg verglichen, so sehr ähnelten sich trotz des Einsatzes digitaler Techniken bei Waffen, Drohnen, Aufklärung und Hackerangriffen auf vitale Infrastrukturen die Szenarien an der Ost- und Südostfront. Zwei Jahre nach Kriegsbeginn ist das teilweise immer noch so, auch wenn der massive Einsatz von Drohnen wie bisher in noch keinem Krieg die Schützengräben und jede Bewegung an der Front nahezu transparent macht.

Im Juli und August 2023 standen fast alle Mittelmeeranrainerländer aufgrund der ungewöhnlichen und durch den Klimawandel verstärkten Hitzeperiode in Flammen. In Kanada verbrannte eine Waldfläche so groß wie Bayern und Baden-Württemberg zusammengerechnet, die Hawaii-Insel Maui hatte mehr als 100 Todesopfer nach einem verheerenden Waldbrand zu beklagen. Noch nie gab es in so vielen Ländern auf einmal so viele parallele Waldbrände. Die Handy- und Reportervideos zeigten Menschen, die mit bloßen Händen versuchten, dürres trockenes Holz vom Boden zu entfernen, um den Feuern Nahrung zu entziehen. Da half letztlich keine digitale Transformation,

---

5   „Star Trek: First Contact" (1996).
6   Schätzing (2018). Die Homonymität des Computernamens mit dem griechischen Kriegsgott Ares ist kein Zufall, da sich die Maschine, abhängig vom Paralleluniversum, in dem man sich gerade befindet, wie ein Kriegsgott geriert.
7   „Artificial Research and Exploring System", Schätzing, ebd., 163.

keine Digitalisierung, keine Digitalität, keine Data Science der Klimaforschung. Aufgrund dieser und weiterer vergleichbarer Erfahrungen muss eindringlich-kritisch die Frage gestellt werden, ob die Nutzung von Digitalität tatsächlich das Potenzial besitzt, wenn nicht jetzt, so doch irgendwann, den elementaren Lebensschutz zu verbessern. Im Moment erscheint das ebenfalls wie Science Fiction.

Es ist nicht in Abrede zu stellen, dass mithilfe datenwissenschaftlicher Methoden genauere Vorhersagen zum Klimawandel, zu Unwettern, zu Hitzeperioden, zu Erdbeben usw. getätigt werden können, die, wenn die digitalen Vorwarnsysteme funktionieren (was sie oft nur bis zu einer höheren Ebene tun, die Menschen vor Ort aber nicht erreichen), rechtzeitige Schutzmaßnahmen ermöglichen. Vorwarnsysteme sind aber letztlich immer nur so gut wie die vorangegangene Forschung. So wurden die Daten vor und aus den verheerenden Erdbeben am 6. Februar 2023 in der Türkei und Syrien mit fast 60.000 Opfern nach und nach ausgewertet – und erst viele Monate nach dem Erdbeben konnten Messdaten, die vor dem Erdbeben erhoben worden waren, neu interpretiert werden. Das wird in der Zukunft bei Vorwarnungen helfen, aber es wird noch einige Zeit dauern, bis das möglich sein wird, wie das Helmholtz-Zentrum Potsdam Deutsches Geo-Forschungs-Zentrum mitteilt.[8]

Umfassende Digitalität bedeutet in keiner Weise, dass der Mensch die Kontrolle über alles, was ihn in elementarer Weise bedroht, erlangt. Das wäre disruptiv oder revolutionär, wenn es so wäre.

Millionen von Menschen fliehen vor Katastrophen, Kriegen, Terrorismus, Hunger, wirtschaftlicher Misere, lebensbedrohlicher Diskriminierung und politischer Unterdrückung. Zwar spielen Smartphones für die Organisation und Durchführung der Flucht eine wichtige Rolle, aber keine digitale Technik bringt ihnen satt zu essen, bewahrt sie vor dem Ertrinken im Mittelmeer, bringt ihnen Asyl und Sicherheit, sie bringt keine Gastfreundschaft.

Da, wo es um digitalen Human(itar)ismus geht, um Menschen beim Überleben zu helfen, da findet sich viel zu wenig Digitalität. Elementare Fragen, die das Leben und Sterben betreffen, werden nicht durch Digitalität gelöst – und sie können es wohl auch nicht. Das müssen wir uns klarmachen.

Im Reden über das Digitalzeitalter stehen Optimismus und Pessimismus nahe beieinander. Das resultiert aus der Ambivalenz jeglicher digitaler Anwendung. Das Gefühl, dass wir in eine schwer einzuschätzende, mithin ungewisse Zukunft gehen, ist sehr präsent. Infolgedessen fehlt es nicht an Versuchen, in die Zukunft zu blicken und vermeintliche Gewissheiten dabei herauszufiltern, wie es Eric Schmidt und Jared Cohen in ihrem 2013 erschienenen Buch „Die Vernetzung der Welt. Ein Blick in unsere Zukunft" recht ungeniert getan haben.[9] Das Buch ist schon deshalb immer noch von

---

8 Helmholtz-Zentrum Potsdam Deutsches Geo-Forschungs-Zentrum (2023).
9 Schmidt/Cohen (2013).

Interesse, weil seit dem Erscheinen eben jene Dekade vergangen ist, die die beiden Autoren hauptsächlich als Zukunftszeitraum gemeint haben. Mit einer gewissen Erleichterung lässt sich festhalten, dass vieles langsamer geht, als es prophezeit wurde, oder gar nicht eingetreten ist.

Vieles wird mit Sorge betrachtet. Soziale Medien scheinen die Neigung nicht weniger Menschen zu verstärken, sich in Filterblasen zu bewegen und diese möglichst nicht zu verlassen. Dieselben Medien scheinen dazu zu verleiten, Hemmungen abzulegen und Wut und Hass ungefiltert herauszulassen. Das geht meistens über das hinaus, was vom Alkohol gelöste Zungen am Stammtisch zuwege bringen – es sei denn, es ist Wahlkampf in Bayern und die Spitzenkandidatin der Grünen spricht im vollen Bierzelt, in dem sich mehr CSU-Anhänger als Grüne befinden. Die laut geäußerte Hassrede ist dort dieselbe wie in Sozialen Medien, wie einem Bericht der Süddeutschen Zeitung zu entnehmen war.[10]

Der Umgang, insbesondere der verantwortungsvolle Umgang mit digitalen Möglichkeiten und elektronischen Geräten will gelernt sein, doch wird er oft nicht gelernt und pädagogisch begleitet. Gesundheitliche Schäden wie zu wenig Bewegung, Haltungsschäden, Strahlungsschäden, etc. können eintreten. Sozial auffälliges Verhalten kann entwickelt werden, psychische Störungen können auftreten. Bzw. kann all dies verstärkt werden. Sicherheitsvorkehrungen werden nicht beachtet, weit verbreitet ist ein naiver Umgang mit dem Internet. Sich mit Inhalten zu befassen, die einem nicht guttun und evtl. auch illegal sind, scheint allzu verlockend. Automatisch denkt man an die von Immanuel Kant inkriminierte „selbstverschuldete Unmündigkeit". Hier scheint keine Aufklärung zu greifen.

Vielfach wecken die Fortschritte in der Robotik und allgemein bei der Digitalisierung Ängste, dass immer weniger menschliche Arbeitskraft gebraucht wird und viele Arbeitsplätze verloren gehen. Unternehmen fürchten, wenn sie in einen Digitalisierungsrückstand geraten, von anderen, die weiter sind, verdrängt zu werden. Digitale Techniken inklusive KI erscheinen als Feind des arbeitenden Menschen.

Unternehmen können sich Digitalisierungsrückstände tatsächlich nicht leisten, wie man am durchschlagenden Erfolg der chinesischen Elektroautoproduktion im Vergleich zu den traditionsreichen europäischen Autobauern beobachten kann. Behörden können sich das eigentlich auch nicht leisten, aber sie tun es und lassen die Bürger*innen monatelang auf Termine warten, was das Vertrauen darin, dass sich die öffentliche Verwaltung vom verlängerten Arm eines trotz Demokratie noch autoritär gedachten Staats in eine bürger*innenorientierte Einrichtung gewandelt hat, untergräbt.

Robotik und KI sind keineswegs Feinde der arbeitenden Menschen. In vielen Ländern herrscht ein eklatanter Fachkräftemangel, von Saisonarbeiter*innen in Land-

---

10 Andreas Glas/Johan Osel: Hass und Hendl. Egal in welches Bierzelt die Grünen in Bayern gerade kommen: Die Verachtung ist schon da. […] Auf Wahlkampftour mit Katharina Schulze, die schon beschimpft wird, wenn sie ein Dirndl anzieht. In: Süddeutsche Zeitung, Nr. 219, Freitag, 22. September 2023, 3.

wirtschaft und Tourismus bis zu Informatiker*innen, der dafür spricht, für im Prinzip gleichbleibende routinisierte oder routinisierbare Arbeitsabläufe keine menschliche Arbeitskraft mehr einzusetzen sowie die Auswertung von Massendaten einer KI zu überlassen. Selten geht es um die komplette Ersetzung von menschlicher Arbeitskraft, sondern um deren sinnvollere Nutzung. Sehr viel öfter geht es darum, einen Betrieb und aufeinander abgestimmte Arbeitsprozesse überhaupt aufrecht erhalten zu können, da menschliche Arbeitskraft fehlt. So verdrängen Ernteroboter eigentlich niemanden, sondern füllen Lücken, wenn die Saisonarbeiter*innen ausbleiben, die den Spargel stechen oder die Erdbeeren pflücken, um zwei willkürliche Beispiele, wo Ernteroboter ggf. eingesetzt werden können, zu nennen. Die Gründe für den Arbeitskräftemangel sind verschieden, sei es, dass ein ganzes Land glaubt, es wäre gut, so etwas wie ein Brexit-Abenteuer mit all seinen Folgen für den Arbeitsmarkt anzugehen, sei es, weil die Arbeits-, Unterkunfts- und Lohnbedingungen unmenschlich sind und niemand sich mehr meldet – und so fort. Aufs Ganze gesehen, hat die Digitalisierung der Lebenswelt bisher mehr Arbeitsplätze geschaffen als eingespart.

Gleichwohl: Die Angst, die digitale Welt nicht mehr unter Kontrolle zu haben, insbesondere die Angst vor den scheinbar unbegrenzten Möglichkeiten der KI, ist offenkundig. Keine dieser Entwicklungen kann gestoppt werden, vorausgesetzt, es würde gewollt. Sie können aktuell nicht einmal verlangsamt werden. Diese Angst wird durch Cyberangriffe auf die digitalen Systeme von Firmen, Institutionen, sogar Krankenhäusern und Privatpersonen, kriminelle Aktivitäten wie sexueller Missbrauch von Kindern, der fotografiert und gefilmt und digital zugänglich gemacht wird, digitale Staatskriminalität wie im Iran (und vielen anderen Ländern) sowie Phänomene wie das Dark Net und anderes mehr verstärkt.

Zahlreiche Analysen haben zu einem Basiskonsens geführt, dass wir die Digitalität unserer Lebenswelt inzwischen eher erleiden müssen als dass wir sie gestalten könnten. Es herrscht ein mindestens leichtes Ohnmachtsgefühl gegenüber den Dynamiken der Digitalisierung der Lebenswelt, die mit einer immer stärkeren Entdemokratisierung sowie Ökonomisierung der gesamten Lebenswelt einhergeht. Die Manipulationsmöglichkeiten, die die digitalen Techniken bereitstellen, machen Angst, weil man jederzeit gewahr sein müsste, in eine Fake-Falle zu tappen.[11]

Das alles war doch gar nicht das Ziel der Digitalisierung!, möchte man ausrufen. Ist denn das Digitalzeitalter im negativen Sinn disruptiv und revolutionär? Werden wir in einen digitalen Sumpf gezogen?

Doch wird da nicht die Bedeutung von Digitalität überschätzt? Selten werden die exakten Vergleichsmaßstäbe erörtert, die zu solchen Bewertungen führen. Doch nur, wenn die Vergleichsmaßstäbe geklärt sind, kann gesagt werden, ob Gesellschaft, Indi-

---

11 Anschaulich: Howard (2022).

viduum, Politik, Wirtschaft, Kultur und Bildung im Digitalzeitalter grundlegend anders sind als die historischen Vorgänger*innen.

Solche Vergleichsmaßstäbe liefert beispielsweise die Techniksoziologie, in der historische Technikentwicklungen und deren Zusammenhang mit gesellschaftlichen Entwicklungen eine wichtige Rolle spielen. Jan-Felix Schrape fasst das folgendermaßen zusammen:

> Ein solcher Blick zurück [...] führt vor Augen, dass sich die Koevolution von Technik und Gesellschaft als ein *lang gestreckter kumulativer* Prozess verstehen lässt. In diesem Prozess baut jede substanzielle Innovation auf einer breiten Palette an technischen wie sozialen Vorbedingungen auf und geht mit zahlreichen gesellschaftlichen Konsequenzen einher, die den Ausgangspunkt für weitere soziotechnische Entwicklungsverläufe bieten.[12]

Das trifft auf die Positionierung der Digitalität im Verlauf dieses historischen Prozesses ebenso zu wie auf die frühere Dampfmaschinisierung der Industrie in der Industriellen Revolution und andere frühere sogenannte technische Revolutionen:

> Die industrielle Revolution etwa gründete nicht nur auf den technischen Vorentwicklungen des Mittelalters, sondern auch auf vielen zuvor kristallisierten gesellschaftlichen Prämissen. Dazu gehören die Verfestigung komplexerer sozialer Organisationsstrukturen, die Vereinheitlichung des Zeitempfindens sowie die durch den Buchdruck beförderte Ausweitung der Diskurs- und Wirtschaftsräume. Und die Industrialisierung ging wiederum mit weitreichenden soziokulturellen Verschiebungen einher, so etwa mit einem Wandel der Arbeits- und Lebensweisen in modernen Industriegesellschaften. Auf all diesen ineinander verschränkten Veränderungsprozessen baut die digitale Transformation der Gesellschaft auf.[13]

Es lässt sich hinzufügen, dass es bisher kein Zurück hinter die seinerzeitige Dampfmaschinisierung und später die seinerzeitige Elektrifizierung gegeben hat, die in etwa gleichzeitig mit der Verbreitung des Verbrennungsmotors stattfand. Ohne diese Techniken funktionierten die Gesellschaften global und individuell nach einer gewissen Zeit nicht mehr. Mit der Digitalität verhält es sich genauso, aber eben genauso und nicht anders.

Und ein Weiteres führt auf ein „genauso": Die Industrialisierung (Dampfmaschinisierung, Elektrifizierung usw.) hat zu einer fortscheitenden Zerstörung der Umwelt geführt. Das betrifft Flora und Fauna, den Menschen, das Klima. Wie wird die „digitale Transformation der Gesellschaft" – nach der Transformation von Gesellschaft durch Industrialisierung – in diesem Zusammenhang historisch einmal einzuordnen sein? Wird sie den seit der Abholzung des Mittelmeerraums schon in der Antike andau-

---

12 Schrape (2021), 47.
13 Ebd., 47 f.

ernden Konnex zwischen technischem „Fortschritt" und Umweltzerstörung beendet oder wird sie ihn fortgeführt wenn nicht beschleunigt haben? Mehr Digitalisierung, insbesondere mehr KI, führt zu immer höherem Energieverbrauch, der das Ziel, bis zur Mitte des 21. Jahrhunderts Energie nur noch aus Quellen wie Sonne, Wasser und Wind oder Wasserstoff, der z. B. mit Sonnenenergie erzeugt wurde, oder aus (z. T. ja nur vermeintlich) klimaneutralen Quellen wie Holz und Biogasen zu erzeugen, unerreichbar erscheinen lässt. Ist dieses Ziel nicht erreichbar, dann ist die Erderwärmung nicht aufzuhalten, die zu noch größeren Umweltzerstörungen und sozialen Verwerfungen führen wird als die Industrialisierung und als alle anderen technischen „Fortschrittsphasen", die wir aus der Geschichte kennen.

Diese Sätze sind nicht technikfeindlich gemeint, aber das Digitalzeitalter schickt sich vorerst nicht an, ein „Goldenes Zeitalter" der Erde zu werden. Und nur das wäre auf dem Hintergrund einer mehrtausendjährigen Technikgeschichte ein guter Grund, von Disruptivität zu reden.

Ein „Goldenes Zeitalter" aufgrund und durch Digitalität scheint im Moment auch kein konsensuales Ziel zu sein, weil Digitalität umfassend für Staatskriminalität – totale digitale Kontrolle des Menschen wie in China (und im Iran, wo sich diese totale Kontrolle mittels Gesichtserkennung im öffentlichen Raum vorerst auf Frauen erstreckt) –, für Kriminalität und für die Abhängigmachung des Menschen steht. Digitalität könnte der Freiheit des Menschen dienen, überwiegend macht sie ihn aber auch jenseits von Staatskriminalität unfrei. Digitalität könnte für die Bewältigung des Anthropozäns bedeutend sein, aber die wenigsten Investitionsmittel werden in diesem Sinn verwendet.

Das müsste alles nicht so sein, aber wenn man die Entwicklung von Digitalisierung so laufen lässt, wie man die Techniken der Industrialisierung hat laufen lassen, kommt es zum Übergewicht der schädlichen Verwendungsmöglichkeiten. Es kommt zu digitalem Antihuman(itar)ismus.

Dagegen lässt sich einwenden, dass Maßnahmen wie die EU-europäische Datenschutzgrundverordnung (DGSVO; 25. Mai 2018) und der seit 25. August 2023 geltende Digital Services Act und vieles mehr zumindest gegen den latenten Missbrauch von Digitalität anarbeiten. Der Missbrauch digitaler Anwendungen für kriminelle Aktivitäten ist ohnehin durch das Gesetz verboten. Dass Entwicklung und Verwendung von KI international reguliert werden muss, sagen KI-Entwickler wie Sam Altman (OpenAI, ChatGPT) selbst, das Problem ist in der Politik angekommen. Ohne internationale Abkommen wird das alles aber letztlich erfolgloses Stückwerk bleiben. Von sich aus wird die Menschen-Welt nicht human(itar)istischer werden, aber wir müssen die Frage stellen, ob globale Digitalität nicht doch zu mehr Human(itar)ismus in der Menschen-Welt führen könnte? Dass dieses Thema inzwischen öffentlich gesetzt ist, macht Hoffnung.

6   Der Irrtum

Das Digitalzeitalter tut so, als sei es disruptiv und revolutionär. Das ist der Irrtum, denn es ist nichts anderes als die Fortsetzung und Verstärkung der Moderne-Logik mit digitalen Mitteln.

Das Digitalzeitalter, gesehen in der *longue durée*, ist zunächst weder revolutionär noch disruptiv, vielmehr setzt es langfristige Entwicklungen fort. Das heißt, jemand wie Niklas Luhmann (1927–1998) müsste sein 1164 Seiten umfassendes Welterklärungsbuch „Gesellschaft der Gesellschaft" (1997) nicht neu schreiben, da seine Analysen nach wie vor problemgerecht erscheinen.[1]

Das Digitalzeitalter setzt die Logik der sogenannten Moderne fort: Bei einem Brainstorming zur Frage, was einem am ehesten zum Thema Digitalzeitalter einfällt, würde wahrscheinlich die Tatsache, dass die Digitalisierung vieles einfacher, schneller, effektiver, da zeitsparend, und kostengünstiger macht, zu den meist genannten Aspekten gehören.[2] Das ist Moderne-Logik pur!

Vieles, was im analog organisierten Alltag nur in der Weise erledigt werden konnte, dass Zeit aufgebracht und Mobilität im Raum in Gang gesetzt wurde, lässt sich inzwischen per Klick am Bildschirm erledigen. Behörden*gänge* reduzieren sich auf Klicks. Einkaufen *gehen* reduziert sich auf Klicks und ggf. den Gang zur Tür, wenn der Lieferservice die Bestellung bringt. Face-to-face-Kommunikation: Immer gerne, am einfachsten per Videochat oder Videokonferenz. Mit einem Smartphone bzw. einer Smartwatch kann ich so gut wie alles digital erledigen, was der Alltagsbewältigung in Sachen Finanzen, Verwaltung, Einkaufen, Auto, Fliegen, Bahnfahren, topografischer Orientierung, Nachrichten, privaten Smalltalks, Unterhaltung etc. zuzurechnen ist. Wo ich früher etwas gegenständlich erwerben musste, z. B. ein Ticket, reicht nun die digitale Kopie oder der QR-Code auf dem Smartphone bzw. kommt RFID-Technik

---

[1] Luhmann (1997).
[2] Einigermaßen aktuelle Erhebungen wie das Eurobarometer Spezial 460, das immerhin die EU abdeckt, stellen solche Fragen nicht mehr, sondern interessieren sich für die Ansichten der Befragten zu Robotern, KI usw.: European Commission (2017).

zum Einsatz. Im Grunde sind das mittlerweile banale Prozesse, die sich, würde man ins Detail gehen, seitenlang aufzählen ließen.

Solche digitalen alltäglichen Anwendungen sind einfach, schnell, effektiv, zeitsparend, produktivitätssteigernd. Oft haben sie auch einen kostensparenden Effekt, der allerdings nicht zwingend mir selber unmittelbar zugute kommt.

Die digitalen Anwendungen können Menschen mit Behinderungen bzw. mit besonderen Bedürfnissen den Alltag erleichtern, sie können den Grad an Autonomie erhöhen.

Diese grundsätzlich positiv zu wertenden Effekte von Digitalisierungen jeglicher Art stehen kulturgeschichtlich betrachtet ganz in der Tradition der Moderne. Der Begriff der Moderne gilt inzwischen als problematisch, weil „die Moderne" im Grunde mit der hohen Zeit des europäischen Kolonialismus zusammenfällt. Tatsächlich bedeutete die Moderne für die ganze Welt wie auch Europa selbst in vieler Hinsicht nichts anderes als Zwangsmodernisierung, ein Zwang, der überall mit viel Gewalt einherging. Die mit der Modernisierung verbundenen Prinzipien der Beschleunigung, der Effektivierung, der rationellen Nutzung von Zeit, der Gewinnmaximierung und des Verdrängungswettbewerbs widersprachen vielen anderen kulturellen Gebräuchen und führten zu Konflikten.

Der Kolonialismus der Moderne trug zur Globalisierung der Welt bei. Die Computerisierung und anschließend die Digitalisierung der Lebenswelt(en) vollendeten diese Globalisierung und stellten Globalität her. Im 21. Jahrhundert ist das zunächst eine Tatsache, von der alle Menschen betroffen sind und damit umgehen müssen. Die historischen Wurzeln müssen im Alltag kaum reflektiert werden, Digitalität wirkt so oder so, weil sie existiert.

Der Zusammenhang zwischen Kolonialismus und Globalisierung sowie mittelbar der globalen Digitalität wirft ethische und geschichtspolitische Fragen auf. Im Rahmen einer Globalgeschichte der Computerisierung und Digitalisierung der Lebenswelt wäre auf die anfänglichen Asymmetrien zwischen Industrieländern, einerseits, und so genannten Entwicklungsländern, andererseits, bis ins späte 20. Jahrhundert hinein einzugehen. Diese Asymmetrien resultierten mindestens teilweise aus den machtpolitischen Asymmetrien jedes Kolonialismus (also nicht nur des europäischen). Inzwischen sind diese historischen Zusammenhänge aber kaum mehr geschichtsmächtig: Indien, bis Ende des Zweiten Weltkriegs Herzstück des British Empire, ist eine Informatik-Vormacht. Den Gebrauch einer Solar-Powerbank, um das Smartphone weit weg von jeglicher Steckdose betriebsbereit zu halten, habe ich nicht in Europa, sondern vor Jahren in Kenia während einer Wanderung am Mount Kenya durch den kenianischen Guide kennengelernt. Ohne den Output der chinesischen Elektronikindustrie gäbe es kaum globale Digitalität. Im 21. Jahrhundert *ist* also beides – Digitalität und Globalität –, wie auch immer es historisch zu diesem Zustand gekommen ist.

Dieser Zustand ist Resultat der Moderne, die zur Weltgesellschaft geführt hat. Die „Weltgesellschaft ist das Sich-ereignen von Welt in der Kommunikation", schrieb Luhmann.[3] Doch was genau ist die Rolle digitaler Kommunikationstechnik in diesem Zusammenhang? Sie ist mindestens ambivalent, wie wir es im Kapitel über die „digitale Konstruktion der Wirklichkeit" sehen werden.

Der genannte Zustand bedeutet mitnichten eine Kulturrevolution, sondern setzt das Fortschritts- und Rationalitätsparadigma der Moderne mittels digitaler Technologien fort. Die faktische globale Anwendung dieses Paradigmas bedeutet, wenn man es historisch und kritisch betrachtet, ein vielleicht letztes, aber nicht mehr hintergehbares Resultat des Kolonialismus in der Moderne. Trotzdem sind speziell die ehemaligen europäischen Kolonialmächte in Sachen Digitalisierung, sowohl in Bezug auf die dazu nötige Hardware wie die Software und KI, abgehängt. Die Globalität der Digitalität ist außerdem womöglich der erfolgversprechendste Weg zu Dekolonialität. Hier liegt ein Potenzial, das die umfangreiche historisch-kritische und philosophisch-kritische Literatur zum Thema der Dekolonialität („decolonidad"/„decoloniality") noch nicht ausgeleuchtet hat. Dabei geht es vorrangig um den epistemologischen Kolonialismus, dem Herzstück der globalen Moderne.[4]

Digitalisierung verflüssigt Abläufe und Prozesse. Das gilt nicht in jedem Einzelfall, außerdem können Störungen auftreten, aber im Grundsatz gilt das. Die allgemeinen Vorteile von Digitalisierung liegen auf der Hand. Das entspricht freilich nur einem Teil der Wahrheit. Erstens existieren Nachteile, und zweitens müssen wir uns fragen, was das für unsere Gegenwartsgesellschaft im historischen Vergleich zu früheren Gesellschaften bedeutet. Macht uns die Digitalisierung zu anderen Menschen, katapultiert sie uns etwa in den „Posthumanismus"?

Digitalisierung ist Teil und Movens der „flüssigen Moderne". Die Gesellschaft, in der diese Digitalisierung funktioniert, stellt eine globale Netzwerkgesellschaft dar. Eine solche gab es zwar schon im späten 18. Jahrhundert, aber sie war zahlenmäßig klein, in gewissem Sinn ‚elitär', während heute prinzipiell alle Menschen Teilnehmer*innen dieser globalen Netzwerkgesellschaft sind.[5] Die Verflüssigung von Abläufen und Prozessen sowie die Vernetzung von Menschen hängen zusammen und charakterisieren die Moderne sowie den Prozess der Modernisierung. Posthumanismus zieht dabei nicht am Horizont auf, aber die vielen Möglichkeiten, die Verflüssigung und Vernetzung im Guten wie im Schlechten mit sich bringen, können das Leben verändern.

Wer an der Behauptung festhält, das Digitalzeitalter stehe für disruptive und revolutionäre Entwicklungen, perpetuiert den „Irrtum". Vielmehr setzt es die Moderne fort, nachdem diese durch die Aufklärung geboostert worden ist und durch die Industrialisierung Fahrt aufgenommen hat. Hier besteht eine interessante historische Pfadabhängigkeit, die in Abrede zu stellen zu nichts führt.

---

3 Luhmann, ebd., Bd. I, 150.
4 Hier sei nur exemplarisch auf einen zentralen Text hingewiesen: Quijano (2016).
5 Grundlegend: Castells (2000).

7   Globalität

Das Digitalzeitalter ist das erste durch und durch *globale* Zeitalter. Das Digitalzeitalter ist in jeder Hinsicht global, und das in einem Umfang wie noch nie zuvor. Alles, was vor der Durchsetzung der Digitalität, z. B. in der Globalgeschichte, als global charakterisiert wurde, kann im Vergleich mit der Globalität des Digitalzeitalters nicht mithalten. Globalität charakterisiert die Moderne insgesamt, weil sie laufend fortgeschritten ist, aber erst im Digitalzeitalter ist die Grenze der Ausdehnbarkeit, soweit es die Erde angeht, erreicht worden.

Das bedeutet, dass wir es heute bei aller kulturellen und menschlichen Vielfalt mit einer globalen Zivilisation zu tun haben. Was auch immer irgendwo geschieht, hat globale Auswirkungen. Alle herkömmlichen Begriffe von Souveränität, die sich nicht nur auf die staatliche Souveränität, sondern auch auf Aspekte wie Identität beziehen, sind realitätsfern geworden. Globale Digitalität entterritorialisiert, was im Lauf der neuzeitlichen Geschichte mit der Territorialisierung des Staates und im Zuge dessen mit der Staatssouveränität verbunden worden war.[1] Diese Territorialisierung erfasste schließlich auch die Identität der Individuen. Diese wird an die Scholle der Heimat und an größere territorial radizierte Kollektive wie die (konstruierte) Nation, z. T. aber auch an transterritoriale Religionsgemeinschaften gebunden, die wiederum in den Kampf um die territorial radizierte Identität hineingezogen werden. Zugespitzt wird das oft in der rhetorisch gemeinten Frage, ob Muslim*innen Deutsche, Franzosen, Inder etc. sein können oder ob das nur geht, wenn man Christ oder Hindu etc. ist. In dieser Beziehung kann Digitalität allerdings als Verstärker wirken, indem digitale Gemeinschaften gebildet werden, deren Ziel nicht die Entterritorialisierung von Identität, sondern deren Territorialisierung ist.

Die Realität verlangt heute jedoch anderes: Sozioökonomisches, psychisches, politisches, klimatisches und anderes Wohlergehen ist nur noch zusammen mit allen anderen auf der Erde zu haben – oder eben nicht. Dies hat Achille Mbembe in „La communauté terrestre" (2023) eindringlich dargelegt.[2]

---

1   Zu Fragen staatlicher Souveränität im Kontext der globalen Digitalität vgl. z. B. Ritzi/Zierild (2019).
2   Mbembe (2023).

Am deutlichsten spüren wir dies seit dem 24. Februar 2022, als die Russische Föderation begann, die Ukraine mit einem Angriffskrieg zu überziehen. Rein geografisch betrachtet, nimmt sich der Krieg wie ein lokaler aus, seine Auswirkungen sind aber global, er betrifft die ganze Welt. Mit Recht wird dieser Krieg dennoch nicht als „Weltkrieg" bezeichnet, denn das ist er im Vergleich mit den zwei bisherigen Weltkriegen – oder drei, wenn man den Siebenjährigen Krieg einschließt – nicht. Globalität besteht hier nicht darin, dass überall auf der Welt im selben Krieg mit Waffen gekämpft wird, sondern in den Auswirkungen auf Alle in der faktischen „communauté terrestre".

Die Abholzung von Regenwald geschieht lokal, die Auswirkungen auf das Klima sind global. CO_2-Ausstoß geschieht lokal, die Auswirkungen auf das Klima sind global. Es zeigt sich außerdem, dass die Implosionen von Staaten, die wir seit einiger Zeit häufiger erleben, nicht regional eingehegt werden können, sondern sich global auswirken. So könnte eine sehr lange Liste an Geschehnissen und Verknüpfungen beigebracht werden, die sich in historischen Zeiten lokal, regional oder zumindest kontinental einhegen ließen, heute aber wegen der globalen analogen und digitalen Vernetzung sofort „viral" und global publik werden. Was publik wird, ist nicht nur schlicht bekannt, sondern zeitigt handfeste Folgen. Tatsächlich verdeutlicht auch auf der metaphorischen Ebene nichts diese Globalität besser als das Sars-CoV-2 Virus mit der von ihm ausgelösten globalen Covid-19-Pandemie, vulgo „Corona". Hier war es ein echtes Virus, dort sind es digitale Viren, und dort wirkt sich etwas, metaphorisch gesprochen, wie ein Virus global aus, das erst einmal durch nichts gestoppt werden kann.

Globalität ist ein Resultat zahlloser Globalisierungsvorgänge, die länger in die Geschichte zurückreichen und breit erforscht wurden. Jürgen Osterhammel, um ein Beispiel aus der Geschichtswissenschaft zu nennen, tat dies für das 19. Jahrhundert[3], die schon zitierten Castells (Netzwerkgesellschaft) und Luhmann (Weltgesellschaft) taten dies aus soziologischer Perspektive.

Es geht im Folgenden nun nicht um diese zahllosen Globalisierungsvorgänge, über die man sich in der genannten und anderen Literatur informieren kann, sofern man die Fragen dazu nicht direkt einem Chatbot aufgibt, sondern um das Resultat, die Globalität. Diese wird stark bekämpft – natürlich global. Identitäre Bewegungen existieren überall auf der Welt, sie geben vor, die Souveränität über die Identität zurückgewinnen zu wollen. „Global" bedeutet in diesen Milieus soviel wie „identitätslos" und ist ausschließlich negativ konnotiert. Viele Konflikte führen dazu, dass Staaten oder Staatengemeinschaften wie die EU nach mehr Unabhängigkeit von globalen Vernetzungen streben, um, wie im Fall der EU, „europäische Souveränität" zu schaffen. Anzeichen, dass sich der Welthandel nach Blöcken umzuordnen beginnt, gibt es.[4]

---

3 Osterhammel (2009).
4 Jahresbericht 2023 der Welthandelsorganisation: WTO Annual Report 2023. Die Bemerkung oben im Text ergibt sich in diesem Jahresbericht aus dem, was zwischen den Zeilen angedeutet wird.

In diesem Zusammenhang wird immer öfter davon gesprochen, „digitale Souveränität" erlangen zu wollen.[5] Staaten, allen voran China und Nordkorea, schotten sich von allen anderen stark ab und gestalten das *Inter*net zu einem nationalen staatlichen *Intra*net um. China hat dazu die „Great Firewall" geschaffen, die das chinesische Web und Internet recht effektiv, wenn auch nicht vollständig, vom „westlichen" Web und Internet fernhält. Dazu kommt eine permanente Überwachung aller Inhalte, es wird zensuriert, gelöscht, verhaftet, verurteilt. China, die Russische Föderation und weitere Staaten wollen den Einfluss der Staaten auf die globale Architektur des Internet stärken, sprich, die zentralen Funktionen der in den USA angesiedelten Organisationen, die die Netzarchitektur regulieren, abschaffen. Dies wird ebenfalls mit der sakrosankten Staatssouveränität begründet.[6] Es geht entgegen der offiziellen Rhetorik nicht darum, die Funktionstüchtigkeit des Internet angesichts der technologischen Entwicklung nicht nur aufrecht zu erhalten, sondern zu verbessern, vielmehr geht es darum, „den Westen", wo immer sich eine Gelegenheit zu bieten scheint, aus dem Spiel zu drängen. Der Rückbau der globalen Architektur der Digitalität wurde als vermeintlich erfolgreiche Strategie bei der „Entokzidentalisierung der Welt" identifiziert.

Immer mehr Staaten versuchen, in weiteren Feldern „souverän" zu werden. So in Bezug auf die Nutzung und Erforschung des Weltraums. Auf der Ebene der privaten Lebensführung gibt es ungezählte Initiativen, ohne Digitaltechnik, wie in der vor-digitalen Zeit, zu leben und sich dadurch ein Stück aus der globalen Vernetzung herauszunehmen und Freiheit „zurückzuholen". Die Beispielliste ließe sich fortsetzen. Wie schräg, und damit wirkungslos, diese Ideen von Souveränität und Freiheit angesetzt sind, zeigt geradezu als Schulbeispiel der Brexit. Seine Vertreter*innen versprachen die „Rückgewinnung der Kontrolle", sprich, die Rückgewinnung von Souveränität, wie sie im Zeitalter des Nationalismus definiert worden war. Im großen und ganzen ist das Gegenteil eingetreten.

Es kann lange diskutiert werden, was beim Souveränitätsdiskurs sinnvoll und aussichtsreich ist oder eher, wie bei den identitären Bewegungen und autoritären Staaten, eine ideologische Kaschierung für Rassismus und Suprematiestreben darstellt, deren Ziele Macht, Unterdrückung, ökonomische Ausbeutung und psychologische Unterwerfung der Bevölkerung sind, die mit einem romantischen „Du, Volk, sollst wieder eine souveräne Nation sein!" geködert wird. Fakt ist, dass Globalität bekämpft wird und derzeit nicht zu sagen ist, ob Globalität als Merkmal des Digitalzeitalters in der heute bekannten Form Bestand haben wird. Digitalität kann so oder so eingesetzt werden. Sie kann so oder so eingeschränkt oder eben nicht eingeschränkt werden. Digitalität ist der Natur der Sache nach ein globales Phänomen, die vielen machbaren Einschränkungen konterkarieren hingegen Globalität. Die digitale Globalität ist kein

---

5   Siehe z. B.: Jäger et al. (2022).
6   de Laubier et al. (2023) (zu China). Zur Problematik im Allgemeinen: Pohle/Thiel (2019), zu China 68 f.

Selbstläufer, sie hängt mit der „analogen" Globalität zusammen. Wird diese zurückgebaut, bleibt das Phänomen der Digitalität zwar ein globales, aber es zersplittert zunehmend in von einander abgeschottete Digitalregionen.

Vorerst aber herrscht noch Globalität wie nie zuvor in der Menschheitsgeschichte. Im Grunde sind *alle* Individuen, Institutionen, Kollektive und Gemeinschaften,
Unternehmen, kriminelle Banden etc. mittlerweile immer *auch* digitale Akteur*innen. Zudem drängt sich ein Vergleich auf: Niemand und kein Land konnte sich der
kolonial-getriebenen globalen „Modernisierung" entziehen, niemand und kein Land
konnte sich bisher der globalen Digitalität entziehen, die in jener Modernisierung
wurzelt.

Ende des 18. Jahrhunderts setzte ein Normierungsschub ein. So wurde etwa der
Meter normiert und in globaler Verbindlichkeit festgelegt. Dass wissenschaftlich eine
solche global wirksame Normierung durchgesetzt werden konnte, lag an den europäischen Kolonialmächten. Unendlich viele weitere globale Normierungen wurden im
Lauf der folgenden Jahrzehnte entwickelt und implementiert. So wurden 1884 die 24
Zeitzonen festgelegt und die Weltzeit normiert. Etliches betraf die neuen Infrastrukturen zwischen den Kontinenten, für die Seekabel gezogen wurden. Telegrafie, Telefonie
usw. benötigte überall dieselben Normen, um weltweit zu funktionieren. Für das Internet musste diese Funktionsweise, die durch Weltnormen charakterisiert wird, nicht
mehr erfunden werden, es gab sie schon. Technisch anders, besser, schneller, größer
geht immer, wie im Sport, aber die Funktionsprinzipien werden dadurch nicht neu
erfunden. Was beim Internet dazukam, waren ab einem relativ frühen Zeitpunkt die
niedrigen Kosten für die Endnutzer*innen, die bis heute immer weiter abgesenkt werden konnten. Dasselbe gilt für die technische Zugänglichkeit. Fürs Telegrafieren von
Europa nach Amerika musste man damals aufs Postamt, und teuer war es auch; heute
reicht ein einfaches internetfähiges mobiles Telefon in der Kinderhand, um Onkel und
Tante auf dem anderen Kontinent beinahe zum Nulltarif zu kontaktieren.

Alles, was mit Digitalität zu tun hat, gibt es überall auf der Welt. Die Internetinfra-
struktur ist global, jede Art von Gerät, das im Zusammenhang von Digitalität Relevanz
hat, gibt es überall. Viele digitale Dienste sind überall erreichbar, neue Trends sind
meistens schon in der Entstehungsphase global. Kommerzielle Software wird ebenfalls global verkauft. Dieses und mehr gilt im Grundsatz, aber es gibt zahlreiche Einschränkungen.

Viele Staaten schränken die Nutzung des Internet ein, aber das Internet gibt es weiterhin und Einschränkungen können digital umgangen werden. Nicht einmal China
ist es bisher gelungen, aus dem in China verwendeten Internet ein rein chinesisches
Intranet zu machen.

Die üblichen Geräte von der Smartwatch bis zum Hochleistungsrechner mit mehreren großen Bildschirmen im Büro oder Labor sind überall auf der Welt zu finden,
aber natürlich nicht bei allen. Es gibt ökonomische Hürden, und es ist nicht zwingend
die technisch neueste Version des Smartphones erreichbar. Manchmal fehlen Teile der

Infrastruktur, aber wer ein Smartphone nutzen kann, ist im globalen digitalen Netzwerk und Angebot drinnen.

Ein paar statistische Fakten, die die Internationale Fernmeldeunion liefert, illustrieren den aktuellen Stand der materiellen Globalität[7]: Im Jahr 2022 hatten 73 % der Menschen, die älter als zehn Jahre waren, Zugang zu einem internetfähigen Mobiltelefon (inkl. Smartphone), allerdings sind die Unterschiede durchaus groß: In Europa waren es 93 %, in Afrika 61 %. In einzelnen Ländern kann der Wert weit darunter liegen. Menschen mit einem hohen Einkommen haben zu 95 % ein solches Gerät, Menschen mit niedrigem Einkommen nur noch zu 49 %. Bei Menschen mit hohem Einkommen haben im Schnitt ebenso viele Frauen Zugang zu diesen Geräten wie Männer. Global verfügen etwas mehr Männer als Frauen über internetfähige Telefone, die Abstände sind jedoch meistens klein.

Der Zugang zu einem internetfähigen Telefon ist nicht mit der tatsächlichen Benutzung des Internets gleichzusetzen. Ca. 66 % der Menschen – das sind 5,3 Milliarden – benutzen das Internet. 2005 lag dieser Wert bei rund 1 Milliarde Nutzer*innen. Bei Jugendlichen zwischen 15 und 24 Jahren sind es 2022 ca. 75 %, die das Internet nutzen, bei Frauen im globalen Durchschnitt 63 %, bei Männern 69 %. Die UN streben an, dass 2030 jeder Mensch Zugang zum Internet hat und es auch benutzt. Letzteres bedeutet, analogen und digitalen Analphabetismus weitgehend abzubauen, sowie überall die erforderlichen technischen Zugangsvoraussetzungen, wie etwa mindestens 4G – oder besser 5G, da 6G bereits in die Implementierungsphase kommt – zu schaffen. Während in Europa 89 % der Frauen und 90 % der Männer Internet nutzen, sind es in Afrika 34 % bzw. 45 %. Eine hohe Nutzungsrate bedeutet im Übrigen nicht automatisch, dass das Niveau der digitalen Literalität hoch ist, die von einfacher Kommunikationsfähigkeit über ein ausreichend hohes Sicherheitsbewusstsein bis zur digitalen Kreativität reicht.

Die Internetnutzung steigt mit dem Einkommen, sie ist in städtischen Gebieten teilweise deutlich höher als in ländlichen, der ländliche Raum holt allerdings auf. Diesbezüglich liegt der globale Durchschnitt bei 82 % zu 46 %, in Afrika steht das Verhältnis bei 64 % zu 23 %.

Die Kosten für den Internetzugang (Breitband, mobil) sinken zwar, sind aber in den Weltregionen noch unterschiedlich hoch. In Afrika machen diese Kosten 2022 5 % des Pro-Kopf-Bruttoinlandsprodukts aus, im globalen Durchschnitt sind es 1,5 %, in Europa 0,4 %.

Das internetfähige Telefon und speziell das Smartphone ist das Gerät, das am ehesten zu digitaler Globalität führt.

Von besonderem Interesse ist Globalität im Hinblick auf inhaltliche Angebote. Es kann sich bei, sehr allgemein ausgedrückt, „Inhalten" um digital verfügbare Daten, In-

---

7   Alle Angaben lt. International Telecommunication Union (ITU) (2022), Statistik für 2022. Der Statistik liegen Daten aus 91 Ländern zugrunde.

formationen, Wissen jeglicher Natur, jegliche Inhalte wie Videos, Spiele und digitale Audiodateien aufgrund kreativer Tätigkeit etc. handeln. Bei frei zugänglichen Inhalten spielen im Fall der praktischen Nutzung genauere definitorische Unterscheidungen zwischen „Information", „Inhalt", „Wissen", „wissenschaftlichem Wissen", „Unterhaltungsangebot" u. a. m. ohnehin kaum eine Rolle. „Global" gilt auch in dieser Hinsicht.

Die Inhalte der Welt sind global digital existent. Sie sind nicht zwingend nach dem Prinzip des Open Access zugänglich, aber im Grundsatz verfügbar. Nicht alles ist in allen Sprachen verfügbar, nicht alles ist in Englisch (als Weltsprache Nr. 1) verfügbar. Zahlreiche Daten, z. B. persönliche Daten, die letztlich unter den sehr breiten Informations- und Wissensbegriff fallen, haben Anspruch auf Schutz und Verborgenheit. Manches hat den Anspruch, geheim zu bleiben. Das war in der analogen Welt so, und ist in der global-digitalen Welt nicht anders.

In der Logik der bisherigen Entwicklung läge es, wenn eines Tages alle Inhalte, die keines speziellen Datenschutzes bedürfen, in dem Sinne global würden, dass sie zu einem einzigen Raum der Daten, der Inhalte und des Wissens verknüpft würden, der allen Menschen zugänglich wäre. Noch aber herrscht teilweise nur selektive Zugänglichkeit.

Die Inhalte, die wir zur Bewältigung des Lebens benötigen, liegen global-digital vor und sind zugänglich. Das bedeutet nicht automatisch, dass alle Menschen in derselben Weise davon profitieren, allerdings ändert sich das gerade. Blicken wir nochmals auf ChatGPT oder Bing Chat, das Chat-Tool der Suchmaschine Bing (das seine Quellen aufführt), das auf ChatGPT-4 beruht – sinngemäß sind die Konsequenzen dieser Art von KI dieselben: Ich muss zwar immer noch ein wenig lernen, Fragen gut zu konstruieren, aber Chat-Tools übersetzen meine Frage in eine sprachliche Suchformel (und manchmal auch ins Englische) und erledigen dann die Durchforstung mindestens des frei zugänglichen digitalen Materials für mich, das ich trotz noch so großer Recherchekunst niemals auch nur annähernd erfassen und auswerten könnte. Ich bin bis zu einem gewissen Grad unabhängiger als bisher von geschickten Recherchestrategien mittels Suchmaschine – selbst wenn man in Rechnung stellt, dass sich Suchmaschinen schon seit mehr als einem Jahrzehnt in Richtung ChatGPT entwickelt und den Nutzer*innen die Suche massiv erleichtert haben. Es wird immer weniger individuelles Können und Talent vorausgesetzt, trotzdem bleibt das, worauf es am Schluss ankommt, das, was ich mit den erzielten Ergebnissen mache. Anzumerken ist, dass es sich in Bezug auf die umfassende Durchforstung digitalen Materials bei der Verwendung von Chat-Tools derzeit lediglich um ein Potenzial handelt, das bei den kostenlosen Chat-Angeboten nicht annähernd eingesetzt wird. In der Zukunftsperspektive werden mich diese Tools aber dahin bringen, dass ich tatsächlich von den globalen Inhalten profitiere.

ChatGPT (und weitere, die bisher meistens auf GPT aufbauen[8]) stellt nur einen kleinen Bereich innerhalb des Feldes KI dar. Beliebt sind KI-Tools, mit denen man

---

8 Vgl. Hillebrandt (2023).

Bilder schaffen kann (z. B. Midjourney und etliche andere[9]). KI besitzt, wenn man die Kategorie „Identität" anwenden möchte, eine globale Identität. Das hat die vom 1. bis 2. November in Bletchley (UK) abgehaltene Konferenz zu „AI Safety" auf ihre Weise sehr deutlich gemacht. Es haben zwar „nur" 29 Staaten teilgenommen, allerdings repräsentierten diese deutlich mehr als die Hälfte der Weltbevölkerung und alle Kontinente.[10] Bei der Konferenz ging es in Sachen KI um Fragen der Sicherheit, der internationalen Zusammenarbeit zwischen Regierungen, Unternehmen und Wissenschaft, es ging um die Entwicklung und den Einsatz von KI zum Wohle des Menschen einschließlich der Menschenrechte. Die Abschlusserklärung verdeutlicht das Bewusstsein dafür, dass dies nur gemeinsam geschehen kann und auch geschehen muss.

Das Thema „Globalität der Inhalte" bezieht sich nicht nur auf Wissen und Informationen aller Art, die ich für einen bestimmten Zweck benötige. Es bezieht sich genauso auf Computerspiele (Videospiele) und Streaming (Filme, Musik usw.), das heißt, auf kulturelle Emanationen. Es bezieht sich auf weitere virtuelle Welten über Videospiele hinaus, in denen ich mich z. B. zu Lern- und Trainingszwecken oder für die freizeitliche Zerstreuung bewegen kann. Vieles davon wird von Anfang an für einen globalen Markt produziert bzw. performt, es ist egal ob ich Europäer*in, Afrikaner*in usw. bin. Es ist nicht in allen Fällen egal – Globalität der Inhalte bedeutet ja nicht, dass es keine Inhalte von eher regionaler oder lokaler Relevanz mehr gäbe. Es geht außerdem nicht nur um die Konsum-Perspektive, sondern ebenso um Interaktivität und kreative Aktivität.

In diesem Zusammenhang macht es erneut Sinn, die Sache im Lichte der europäischen Kolonialexpansion zu reflektieren, die nicht nur zu Herrschaft über Land, Menschen und Ressourcen, sondern auch zu einer globalen epistemologischen Herrschaft führte. Dies bedeutete aber vielfach, wie man es am Beispiel der Begriffsprägung „Weltliteratur" (vgl. u. a. Goethe, 1827) veranschaulichen könnte, dass europäische Inhalte zu Weltinhalten erklärt und für im Weltmaßstab maßgeblich gehalten wurden. Im Zeitalter der Globalität ist das anders, viele Inhalte entstehen oder sind entstanden in unterschiedlichsten Weltregionen, sind global zugänglich und werden global genutzt. Das „W/welt-" wird nicht mehr von einem europäischen oder anderem Intellektuellen definiert, sondern ergibt sich aus der digitalen Praxis. Einen Zustand der Dekolonialität zu erreichen, ist keine Utopie mehr.

Sinngemäß interpretieren kann man die Sache mit den Eigentumsrechten, konkret den Urheberrechten. Die Eigentums-Normen wurden in Europa im 17. und 18.

---

9 Vergleich von kostenlosen Angeboten: https://omr.com/de/reviews/contenthub/ki-bildgeneratoren-kostenlos. Zur Suche wurde Bing Chat benutzt.
10 Die „Bletchley Declaration" haben unterzeichnet: Australia, Brazil, Canada, Chile, China, European Union, France, Germany, India, Indonesia, Ireland, Israel, Italy, Japan, Kenya, Kingdom of Saudi Arabia, Netherlands, Nigeria, The Philippines, Republic of Korea, Rwanda, Singapore, Spain, Switzerland, Türkiye, Ukraine, United Arab Emirates, United Kingdom of Great Britain and Northern Ireland, United States of America. Wortlaut der Erklärung: Bletchley Declaration (2023).

Jahrhundert entwickelt und legten – hier wurde John Locke intensiv rezipiert – den Schwerpunkt auf eine gewisse Absolutheit individueller Eigentumsrechte. Im Zuge des Kolonialismus wurden diese Normen globalisiert. Die Digitalisierung unterläuft faktisch im Feld des Copyrights diese, historisch betrachtet, europäische eigentumsrechtliche Norm. Schriftsteller*innen, Künstler*innen, Musiker*innen, im Grunde alle Kulturschaffenden, die auf die Respektierung von Copyrights angewiesen sind, damit sie ihren Lebensunterhalt bestreiten können, haben derzeit das Nachsehen. Dahinter steht außerdem eine Art Strukturwandel von Inhalten aller Art: Je mehr Inhalte per KI erzeugt werden, desto mehr könnte die individuelle Kreativität, die Originale schafft, entwertet werden. Momentan scheint diese Befürchtung aber nicht zuzutreffen. Man denke an die digitalen Fantasiewelten wie etwa in den beiden „Avatar"-Filmen[11] und hunderten anderen: Sie haben den klassischen Film wie z. B. „Jeanne du Barry"[12] von Maïwenn (gerade aktuell, während ich schreibe) mitnichten verdrängt.

Die bisherige Erfahrung spricht nämlich dafür, dass mit KI kreierte Kunst, Musik und Literatur die Kunst, die aus menschlicher Kreativität hervorgeht, nicht verdrängt, sondern sich dazugesellt – analog zu den Phänomenen der Remedialisierung. Menschliche Kreativität wird wertgeschätzt bleiben.

Die voranschreitende Erzeugung von Inhalten jeglicher Art durch KI hat trotz aller Bedenken gute Gründe. Die Welt ist komplex und funktioniert nur dann gut, wenn der Komplexität, das heißt der gegebenen und nicht mehr rückwickelbaren Globalität, Rechnung getragen wird. Neue Inhalte beruhen auf „verteilter Innovation"[13], da der komplexe Bezugsrahmen, den neue Inhalte berücksichtigen müssen, von einzelnen Menschen gar nicht mehr ausgefüllt werden kann. Es geht nicht ohne KI. Die ist aber auch in dem Sinne global, dass sie sich auf jeglichen Inhalt bezieht. Bei der Erstellung neuer Inhalte durch KI „stören" irgendwelche Barrieren nur, es liegt in der Logik von KI, Barrieren zu überwinden.

Der Grundkonflikt zwischen alles verdauender KI hier und individuellen Eigentumsrechten an geistigen, künstlerischen oder wissenschaftlichen Emanationen wird ohne Innovation im Bereich global geltender Rechtsnormen nicht zu lösen sein. Im Grunde handelt es sich um eine ethische Frage, weil wir entscheiden müssen, ob individuelle Kreativität eine Dimension des Menschseins ausmacht, die unverzichtbar ist und daher Anspruch auf die entsprechend starke gesetzliche Protektion hat.

Vorerst geht es jedoch um im weitesten Wortsinn kommerzielle Interessen, wie es der Konflikt um Sam Altman, den Chef von OpenAI, im November 2023 gezeigt hat.[14]

---

11   „Avatar – Aufbruch nach Pandora"(2009). „Avatar – the Way of Water" (2022).
12   „Jeanne du Barry – Die Favoritin des Königs" (2023).
13   Schrape (2021), 126–128.
14   Zur Chronologie der Vorgänge vgl. Abschnitt 1.3.1 des Wikipedia-Artikels über Sam Altman (inhaltlicher Stand bei Abruf am 25.3.2024: 14.3.2024): https://de.wikipedia.org/w/index.php?title=Sam_Altman&oldid=243112505#Entfernung_und_Wiedereinstellung_als_CEO_von_OpenAI.

OpenAI benutzt prinzipiell copyright-geschützte Inhalte, um ChatGPT zu trainieren, ohne für diese zu zahlen. Zum Teil wurden aber indessen Kooperationen geschlossen wie zwischen der französischen Tageszeitung *Le Monde* und OpenAI.[15] Das Unternehmen stellt ChatGPT kostenlos zur Verfügung, wobei ein Konto anzulegen ist, mit dem man sich jeweils einloggen muss. Daneben gibt es eine kostenpflichtige Version. Sam Altman wurde vorgeworfen, das Unternehmen immer ausschließlicher kommerziell zu orientieren und die Idee der gemeinnützigen Entwicklung und Bereitstellung von KI aufzugeben. Er wurde geschasst – und nach gut einer Woche wieder in seine Cheffunktion gehoben, nachdem die Belegschaft gedroht hatte, das Unternehmen zu verlassen, was dessen Ende bedeutet hätte. Microsoft, das rund zehn Milliarden Dollar in OpenAI gesteckt hatte, stand bei alldem nicht unbeteiligt am Rande.

Das Beispiel zeigt das aktuelle Dilemma auf: Für die Entwicklung von KI-Applikationen wird enorm viel Kapital benötigt, was philanthropische Zugangsweisen im Grunde ausschließt. So schön Open Access ist, irgendwer zahlt die Rechnung trotzdem, oft im Hintergrund. Hier sind es u. a. die Copyrightinhaber*innen, die leer ausgehen. Entsprechend setzen sich nationale und internationale Verwertungsgesellschaften wie beispielsweise die International Confederation of Societies of Authors and Composers dafür ein, dass ein verbindlicher internationaler rechtlicher Rahmen geschaffen wird, der den Copyrights zur Beachtung und den Kreativschaffenden zu ihrem Honoraranteil verhilft.[16]

Seit Jahrhunderten, sagen wir: seit Voltaire (1694–1778), einem der ersten freischaffenden Schriftsteller, leben Urheber*innen unterschiedlichster Inhalte davon – ganz oder zum Teil –, dass sie solche Inhalte schaffen und verkaufen können; sei es in Gestalt eines Arbeitsverhältnisses wie bei Wissenschaftler*innen oder auch vielen Kulturschaffenden, sei es in Gestalt einer „Ich-AG" oder als selbständige*r Unternehmer*in. Dieses Modell hat sich globalisiert und müsste, wenn man Open-Access-Ethik und Schutz der humanen Kreativität unter Anerkennung ihrer ökonomischen Funktionen unter einen Hut bringen möchte, durch ein praktikables anderes Modell ersetzt werden. Wie das genau aussehen könnte, ist noch offen; Mbembe und andere Autor*innen aus dem Bereich der postkolonialen Philosophie plädieren dafür, sich die verschiedensten kulturgeschichtlichen Traditionen dieser Welt anzusehen und daraus Lösungen zu erarbeiten, weil sie davon ausgehen, dass bestimmte Probleme wie die Ausgestaltung von Eigentumsrechten im Grunde aus dem europäischen epistemologischen Kolonialismus herrühren und der Hebel zur Lösung genau da, nämlich bei der Herstellung von Dekolonialität, anzusetzen sei. Doch ist fraglich, ob dieser Ansatz beim konkreten Problem, um das es in diesem Abschnitt geht, helfen kann. Zu sehr hat sich das Prinzip, als Urheber*in Rechte, ggf. auch finanzielle, zu haben, globalisiert und

---

15   Meldung von *Le Monde* in eigener Sache, Freitag 15. März 2024 (Ausgabe Nr. 24634), 18.
16   Vgl. z. B. den Offenen Brief dieser und weiterer Organisationen vom 20. Juli 2023: CISAC-Open Letter (2023).

überall da eingewurzelt, wo das europäische Prinzip des Urheberrechts erst im Zuge der Modernisierung verbreitet wurde.

Wissenschaftliche Inhalte, wissenschaftsbasiertes Wissen und Forschungswissen bedarf einer eigenen kurzen Betrachtung. Dieses global-digital und Open Access zur Verfügung zu stellen, ist ein schwieriges Unterfangen, auch wenn die entsprechende Policy längst implementiert wurde. Die kann aber das Problem der Verstehbarkeit nicht direkt lösen, weil freie Zugänglichkeit nichts nützt, wenn ich nicht eine gewisse Vorbildung habe. Das gilt ganz besonders in Bezug auf Forschungswissen, während mir ein guter Teil des wissenschaftsbasierten Wissens durch Wikipedia oder andere ähnliche Angebote im Web erschlossen wird. Das enthält aber keine Garantie, dass ich ein Problem tatsächlich durchschauen kann. Ein Beispiel: Viele Menschen versuchen sich bei Krankheitssymptomen mittels der Befragung des WWW an einer Selbstdiagnose. Seriöse medizinische Artikel und z. B. die Publikation einer Therapieroutine für bestimmte Krankheiten, alles Open Access, sind für Laien nicht ohne weiteres verständlich geschweige denn ohne ärztlichen Beistand umsetzbar. Dann wird auf pseudo-wissenschaftliche Seiten ausgewichen, die leicht verständlich sind und die häufig auf ein verschreibungsfreies Mittel zugeschnitten sind, das anschließend online bestellt wird. Ein solches Prozedere geht nicht immer glimpflich aus.

Solche und andere Beispiele stellen keinen Grund dar, das Open-Access-Prinzip in Frage zu stellen, denn ich kann mir ja auch ein Buch ausleihen oder kaufen und anschließend zur Selbstmedikation schreiten und denselben Irrtümern aufsitzen wie jemand, die/der im digitalen Web gesucht hat. Andererseits – um beim Beispiel Gesundheit/Krankheit zu bleiben – weiß man immer besser, wie wichtig im medizinischen Bereich die Individualisierung von Therapien, auch „einfachen" medikamentösen, ist, um einen guten Heilungserfolg zu erzielen. Es handelt sich um datenbasierte Vorgehensweisen, für die es Wissenschaft und Forschung inkl. KI und professionelles Personal braucht. Ich bin gut beraten, mich darauf einzulassen und nicht darauf zu beharren, dass ich es auch alleine ebenso gut weiß, weil ich ja freien Zugang zu medizinischen Informationen im WWW habe und mich damit selbstdiagnostiziere. Die Verantwortung für den adäquaten Umgang liegt allein bei mir, denn Internet und WWW schützen mich nicht vor Fehlverhalten durch falsche Einschätzung meiner Kompetenzen. Laut dem schon zitierten Eurobarometer Spezial 460 (2017) ist jedoch die überwiegende Mehrheit (71 %) der EU-Europäer*innen der Meinung, über ausreichend digitale Kompetenz zu verfügen.[17]

Was hier weiter interessiert, ist die Globalität wissenschaftlicher Inhalte. Diese hängt nicht nur an der Dissemination, die durch ein digitales Medium wie das WWW stark erleichtert wird, sondern auch an anderen Faktoren. Nur datenbasiertes Wissen kann tatsächlich global verstanden werden, aber speziell im riesigen Feld der Human-

---

17 European Commission (2017), 21–23.

wissenschaften läuft die Umstellung auf datenbasiertes Wissen erst an – und stößt im Übrigen auf viel Widerstand, denn die Übersetzung des Primärmaterials in Daten bedeutet, kulturwissenschaftlich betrachtet, eine Kodierung, und Kodierungen sind niemals objektiv, sondern Ausdruck einer apriorischen Sinngebung und Bedeutungsaufladung. Humanwissenschaften haben es außerdem kaum mit allgemeingültigen Gesetzmäßigkeiten zu tun, sondern mit oftmals kleinräumigen kulturellen Kontexten, deren Übersetzung in Daten kostspielig ist und nicht automatisch finanziell unterstützt wird. Nach wie vor ist humanwissenschaftliches Wissen vorrangig über Bücher und Zeitschriftenartikel und weniger über Datenbanken zugänglich. Beide Medien gibt es heute prinzipiell in digitaler Form, der freie und kostenlose Zugang besteht aber nur teilweise, da er der Finanzierung bedarf.

Forschungswissen richtet sich oft speziell an andere Forschende und nicht an ein allgemeines oder globales Publikum. Es setzt in der Regel besonders viel Vor- und Spezialwissen voraus. Es eignet sich nicht automatisch für eine globale freie Zugänglichkeit. Sind einmal gesicherte Forschungsergebnisse vorhanden, kann deren Popularisierung in Angriff genommen werden. Das setzt Zwischeninstanzen, die traditionell auch als „Gatekeeper" fungieren, voraus, z. B. den Wissenschaftsjournalismus (oder eigene Popularisierungstalente der Wissenschaftler*innen, wie etwa bei Stephen W. Hawking, 1942–2018), durch die Forschungswissen in allgemein verstehbare Inhalte übersetzt wird. Das ist eine Aufgabe für Profis, nicht für eine ungefilterte Dissemination.

All dies geht von einem im Sinne der Aufklärung „vernünftigen" Publikum aus. Verschwörungstheoretiker*innen und z. B. sog. „Klimaskeptiker*innen", die den Klimawandel als eine Lüge im Dienste der Interessen von Eliten ansehen, gehören nicht zu diesem „vernünftigem" Publikum, bedienen sich aber genauso der Globalität der Inhalte des WWW. Digitalität ist immer janusköpfig.

Die Globalität des Internets bzw. des WWW verführt ein wenig dazu, die Bildung von Mitteilungs- und Vermittlungsformen und -formaten für überflüssig zu erachten. Aber noch jede Kultur in der bisherigen Menschheitsgeschichte hat solche Formen und Formate geschaffen, um sicher zu stellen, dass die Inhalte verstanden werden und die Botschaften ankommen.

Will man Globalität der Inhalte erreichen, genügt es nicht, sie „ins Netz zu hängen", sie müssen genauso umsorgt werden wie im analogen Kommunikationsbetrieb. Globalität der Inhalte setzt zudem deren Globalisierung voraus, das heißt, sie müssen verstehbar gemacht werden. Immer mehr Drittmittelgeber für die Wissenschaft machen inzwischen zur Voraussetzung, auch für die Humanwissenschaften, dass bei der Forschung entstehende Daten frei zur Verfügung gestellt werden und dass Publikationen Open Access angeboten werden. Das ist ein großer Fortschritt, der vorerst überwiegend den Wissenschaftler*innen selbst nutzt. Eine Verstehbarmachung der Inhalte über diesen Kreis hinaus findet aber nicht statt, dafür werden keine Finanzierungen aufgestellt. Ohne das genauer auszuführen, wie das aussehen könnte, soll lediglich angedeutet werden, wieviel Ausbaupotenzial zu echter Globalität von Inhalten noch vorhanden wäre.

Wenden wir uns nun zum Abschluss dieses Kapitels über „Globalität" der Frage zu, ob die in bestimmten Verhaltensweisen und Handlungen zum Tragen kommende Globalität der Digitalität der „Weltbezogenheit" (Hartmut Rosa[18]) des Menschen – zugegeben ein weites Feld! – etwas hinzufügt oder nicht, indem Menschen im globalen Ausmaß sich auf dieselbe Weise digital verhalten.

Was benötigt wird, um Mensch sein zu können, verändert sich im Lauf der Zeiten, soweit es nicht um die Befriedigung basaler Bedürfnisse geht. Ohne Subsistenzsicherung – das hat der Physiokrat Johann August Schlettwein (1731–1802) 1784 herausgearbeitet[19] – ist das Mensch-sein-können nicht gewährleistet. Aber es kommt vieles dazu, je nach Epoche. Im 21. Jahrhundert wird es immer schwieriger, ohne Zugang zu digitaler Technik und ohne Internet an dem teilzuhaben, was es mindestens zum guten Leben braucht.

Viele digitale Tools sind niederschwellig anwendbar, sie sind also einfach und bequem, was exakt ihre Zielsetzung ist. Noch weiß man nicht genau, wie viele Menschen die neue Generation von Chatbots (ChatGPT, Bing Chat, Google Bard, usw. usw.) nutzen, auf die diese Merkmale bestens zutreffen, aber die in der Öffentlichkeit in allen Teilen der Welt herrschende Euphorie lässt erwarten, dass das sehr schnell eine globale Verhaltensweise sein wird. Hinzukommt, dass viele Behörden, Institutionen, Firmen, Bewerbungsportale und spezialisierte Portale bereits seit vielen Jahren mit Chatbots arbeiten und sich der Widerstand dagegen sehr in Grenzen hält. Ein Chatbot, selbst wenn das Tool nicht mehr als FAQs kann, ist allemal besser, als in der Telefonwarteschleife des sogenannten Kund*innenservice zu verdursten.

Die Nutzung diverser elektronischer Geräte für digitale Anwendungen stellt bereits als solche eine Verhaltensweise dar, die praktisch überall auf der Welt dieselbe ist. Milliarden von Menschen können diese Verhaltensweise praktizieren. Sie laden auf ihrem Smartphone Apps herunter, installieren diese und verwenden sie anschließend. Manche Apps wie „Google Maps" z. B. werden von beinahe allen Smartphonebesitzer*innen verwendet, andere Apps laufen auf hunderten von Millionen Smartphones, wieder andere zielen auf speziellere Bedürfnisse – aber solche spezielleren Apps findet man wohl auf jedem Smartphone. Wenn ich Apps nutze, weiß ich unterschwellig, dass ich im Prinzip eine*r von Milliarden Nutzer*innen bin, weil es Smartphones ohne Apps nicht gibt. Das ist ein wenig so wie das tägliche Essen und Trinken.

Dieser Typ von digitaler Anwendung verbreitert das Spektrum jener Verhaltensweisen, in denen sich Menschsein täglich manifestiert. Diese Feststellung gilt im Jahr 2024 noch nicht vollständig, aber es ist nur eine Frage der kurzen Zeit, bis 100 % der

---

18 Rosa (2016).
19 Schlettwein (1980).

Menschen z. B. ein Smartphone verwenden und diese Feststellung ohne Einschrän-
kung zutrifft. Zudem: Nicht alle Menschen haben täglich zu essen und zu trinken, was
aber nichts daran ändert, dass beides zum Menschsein dazu gehört. Das heißt, dass
bestimmte digitale Anwendungen und die daraus resultierenden Verhaltensweisen in
naher Zukunft dadurch zu definieren sind, dass sie zum Menschsein gehören.

Mehr als die Hälfte der Weltbevölkerung nutzt Soziale Medien. Die englische Wiki-
pedia offeriert eine Liste mit 35 Social-Media-Kanälen, die monatlich von mehr als 100
Millionen Nutzer*innen verwendet werden.[20] Da etliche Nutzer*innen mehr als einen
Kanal regelmäßig verwenden, sind die Zahlen zu bereinigen, es handelt sich zu Beginn
des Jahres 2024 schätzungsweise um 5,04 Milliarden unterschiedliche Nutzer*innen.[21]
So sehr Soziale Medien (das schließt neben Facebook usw. auch Messengerdienste,
Kurznachrichtendienste, Blogs etc. ein) im öffentlichen Diskurs und in der digitalkri-
tischen Literatur im Vordergrund stehen, so sehr sind sie noch weit davon entfernt, zu
jenen Elementen gezählt werden zu können, die das Menschsein ausmachen. Globalität ist noch nicht erreicht, es handelt sich nach wie vor um einen Globalisierungsvor-
gang, der freilich weitreichende Folgen zeitigt.

Soziale Medien erweitern die Handlungsmöglichkeiten des einzelnen Menschen,
im Guten wie im Schlechten, sie tragen zur Individualisierung bei, die als zunehmende
Autonomisierung des Individuums zu verstehen ist. Das bedeutet nicht automatisch,
dass kollektive Organisationsformen, von „Gesellschaft" bis „informelle Gemeinschaft", aufgelöst würden. Diesbezüglich folge ich F. Stalder, der in „Kultur der Digitalität" über „Referentialität" und „Gemeinschaftlichkeit" schreibt:

> Referentialität ist eine Methode, mit der sich Einzelne in kulturelle Prozesse einschreiben
> und als Produzenten konstituieren können. Kultur, verstanden als geteilte soziale Bedeu-
> tung, heißt, dass sich ein solches Vorhaben nicht auf den Einzelnen beschränken kann.
> Vielmehr vollzieht es sich innerhalb eines größeren Rahmens, für dessen Existenz und
> Entwicklung gemeinschaftliche Formationen von zentraler Bedeutung sind.[22]

Referentialität funktioniert(e) natürlich genauso in der vor- bzw. nicht-digitalen Welt,
aber die Zahl der Einzelnen, die sich „in kulturelle Prozesse einschreiben und als Pro-
duzenten konstituieren können" ist im digitalen Raum sehr viel größer. Die traditionellen Vermittlungsinstanzen/Gatekeeper (Verlage, Agenturen, Galerien usw. usf.)
werden nicht benötigt – (welt)berühmt kann man auch mit einem selbst gefertigten
YouTube-Video werden.

---

20   https://en.wikipedia.org/w/index.php?title=List_of_social_platforms_with_at_least_100_million_
active_users&oldid=1213672777 (Faktenstand bei Abruf am 25.3.2024: 14.3.2024)).

21   https://de.statista.com/statistik/daten/studie/739881/umfrage/monatlich-aktive-social-media-nutzer-
weltweit/ (Faktenstand bei Abruf am 25.3.2024: 12.2.2024).

22   Stalder (2016), 91.

Nun haben sich Menschen früher, ohne digitale Medien, möglicherweise gar nicht weniger, sondern nur anders, in „kulturelle Prozesse" eingeschrieben als jetzt. Die Gemeinschaft, in der sie sich bewegten, war meistens kleiner – Familie, Verein, Dorf, kommunale Gemeinde usw. – und genauer definiert. Doch auch die machtvolle Nationskonstruktion, die Konstruktion einer Meta- und Mega-Gemeinschaft, besonders zwischen rund 1850 und 1950, eröffnete den Einzelnen zahllose Möglichkeiten, sich in diesen zentral positionierten kulturellen Prozess einzuschreiben, an dem jeweils Millionen von Menschen teilnahmen. So wurden nationale Gesellschaften konstruiert. Es ist sehr fraglich, ob die digitale Betätigung, wie sie Stalder beschreibt, zur Konstruktion irgendeiner Gesellschaft beiträgt. In Kapitel 10 „Digitale Konstruktion der Wirklichkeit" ist der Frage nachzugehen, inwieweit „Gesellschaft" durch digitale Wirklichkeitskonstruktionsprozesse nicht sogar ausgeschaltet wird.

Das Potenzial, das digitale Medien für den individuellen Einschreibungsprozess bereit halten, inklusive der technischen Niederschwelligkeit, lässt im Vergleich mit historischen Prozessen kultureller Einschreibungen der Einzelnen noch nicht den Schluss zu, dass dem Menschsein ein neues Element hinzugefügt wurde oder wird. Das liegt daran, dass „Kultur" durch digitale Anwendungen und Verhaltensweisen zwar erweitert wird, aber weiterhin wie schon immer ein Zitations- und Referenzsystem darstellt, in dem sich alles direkt oder vermittelt auf alles bezieht und sich alle Menschen in unterschiedlichem Ausmaß – und lange Zeit räumlich radiziert – einschreiben konnten und können.

Was im Digitalzeitalter wegfallen kann, nicht muss, ist die geografische bzw. gesellschaftliche Radizierung von Kultur, doch phänomenologisch betrachtet gab es schon immer neben den regionalen (und lokalen) Kulturen eine „Weltkultur", die daraus resultiert(e), dass das Menschsein in Bezug auf die Subsistenz nur *eines* ist und dieses *eine* global war und ist. Vor allem im Zeitalter des Nationalismus wurde das ausgeblendet, aber Homo sapiens hat sich nun mal von Ostafrika aus in die Welt verbreitet, ausgestattet mit denselben biologischen Bedürfnissen, einem Vorrat an mythologischen Erzählungen, deren Kernelemente sich in allen Mythen auf der Welt wieder erkennen lassen[23], und grundlegenden Wahrnehmungskategorien. Wo immer Homo sapiens hingewandert ist, irgendwann hat er Sprache ausgebildet und materielle Visualisierungen entwickelt. Ein Bison, das vor 30.000 Jahren in einer Höhle gemalt wurde, erkennen wir immer noch als Bison, auch wenn die genaue Deutung (religiöser Zweck? Kunst? usw.) Kontroversen ausgesetzt ist. Solche Höhlenmalereien gibt es nicht nur in Europa, sondern auf allen Kontinenten.[24] Dasselbe gilt für Petroglyphen, die ebenfalls häufig tausende oder zehntausende von Jahren alt sind, und deren Darstellungs-

---

23   d'Huy (2023).
24   Siehe als Synthese: Le Quellec (2022).

elemente wie die Strichzeichnung eines Menschen uns unverändert zugänglich sind – egal, wann und wo die Petroglyphe entstanden ist.

Die historische Weltkultur, die mit der Verbreitung des Homo sapiens verknüpft ist, stellt ein eigenes Thema dar, das hier nicht ausgeführt werden kann. Aber die Sensibilität dafür, dass bei aller kulturellen Ausdifferenzierung im Lauf der Jahrtausende diese frühgeschichtliche globale kulturelle Grundlage wirksam geblieben ist, ist gewachsen – vielleicht, weil wir aufgrund der Umweltzerstörung und der Folgen des Klimawandels sehr gut wissen, dass die Weltbevölkerung tatsächlich *eine* „Erdgemeinschaft" ausmacht und das bei genauerer Betrachtung auch nie anders gewesen ist.

Digitale Verhaltensweisen, ihrerseits, begründen insoweit nicht Weltkultur oder -zivilisation, die gibt es schon lange, aber sie heben deren Existenz besser ins Bewusstsein und erweitern diese durch neue Inhalte und Zusammenhänge. Das berührt sich mit der Initiative der UNESCO bezüglich „Welterbe" (Weltnaturerbe und materielles sowie immaterielles Weltkulturerbe)[25] und Portalen wie der World Digital Library, um nur eine weitere UNESCO-Initiative, in Kooperation mit der Library of Congress[26], zu nennen.

Am bekanntesten unter den globalen digitalen Verhaltensweisen sind Verabredungen zu Protestaktionen mittels Sozialer Medien wie im Fall des Arabischen Frühlings, der syrischen Weißhelme, von Fridays for Future etc. Das entscheidende Kriterium dabei ist nicht der (nachhaltige) Erfolg oder Misserfolg der verabredeten Aktionen, sondern die Sichtbarmachung von ggf. eklatanten Missständen, die mittels traditioneller Medien nicht (mehr) erreicht wird, weil diese aus verschiedenen Gründen an Reichweite verloren haben und/oder in der Hand von Medienmogulen liegen, die die Medien nicht mehr im Sinne der Vierten Gewalt der Demokratie, sondern für eigene ökonomische und/oder politisch-propagandistische Zwecke zugunsten einer bestimmten politischen Strömung und Ideologie einsetzen.

Missstände, wenn nicht Verbrechen, Katastrophen- und Notsituationen werden durch individuelle Handy-Videos oft schneller publik als es die traditionellen Nachrichtenmedien bewerkstelligen können. Schlimmes – und anderes – Geschehen wird ans Licht geholt, Verstecken, Leugnen und Vertuschen wird schwieriger wenn nicht verunmöglicht. Es handelt sich von der Zielsetzung her jedoch nicht um neue Verhaltensweisen, sondern um bekannte, die mittels digitaler Medien und Techniken effektiver werden.

Wenn dies die Welt besser machen würde, handelte es sich um einen fundamentalen kulturellen Wandel, aber das Aufklärungspotenzial reicht nicht so weit, dass die üblicherweise einsetzende Unterdrückung der Aufklärung durch Machthaber – um deren Handlungsweisen geht es dabei ja meistens – verhindert werden könnte.

---

25   Details s. auf der UNESCO-Webseite zum Welterbe: https://whc.unesco.org/.
26   Details: https://www.loc.gov/collections/world-digital-library/about-this-collection/.

Soziale Medien weisen folglich eine Sonnenseite auf, sie besitzen aber auch eine Nachtseite, die sich in der Verbreitung von Fake News, Hassreden, Mobbing und anderem mehr äußert. Dies gehört gleichermaßen zu den globalen digitalen Verhaltensweisen mit im Prinzip den immer selben schädlichen Konsequenzen. Trotzdem macht dies die Welt nicht schlechter, als sie ohnehin schon war und ist, da nichts davon erst im Zuge der Verfügbarkeit digitaler Techniken und Medien geschaffen wurde. Man kann auf die historisch gut belegte Neigung von Menschen schauen, aus niederen Beweggründen, zu denen Hass und Lüge zählen, andere Menschen beim Unterdrückungsapparat der Machthaber zu denunzieren und deren Leben durchaus wissentlich zu gefährden. Oder ihnen psychischen Stress zu bereiten, um sie zu Fehl- oder gar Kurzschlusshandlungen zu verleiten, und sich bei dieser inhumanen Verhaltensweise „gut zu fühlen". Letzteres ist z. B. für Russland dokumentiert, wo im Internet außerdem Anleitungen zum Denunzieren angeboten werden.[27]

Die Frage ist, ob wir es bei der Nachtseite, die aus der Zweckentfremdung der Sozialen Medien resultiert, mit einem historisch bekannten, aber bisher nicht so verbreiteten menschlichen Phänomen zu tun haben. Keines der Phänomene ist neu, die irgendwann global gewordene Verhaltensweise „Nutzung Sozialer Medien für gute und schlechte Zwecke" verändert das Menschsein nicht. Sie erleichtert im negativen Fall dem Einzelnen das Ausleben von Geltungsbedürfnis und Machthunger dadurch, dass dem anderen geschadet wird. Insgesamt erhöht sich der psychische Stress für Menschen, weil man nicht sicher sein kann, nicht selber betroffen zu werden.

Nicht wenige Menschen sind den Grenzüberschreitungen, die Soziale Medien erleichtern, wie einer Droge verfallen. Die Grundfähigkeit des Menschen, Grenzen im Guten wie im Schlechten zu überschreiten, ist jedoch immer vorhanden; wie sie praktisch wirksam wird, hängt vom Kontext und den verfügbaren Optionen ab.

Die Gefahren, die vom Missbrauch Sozialer Medien ausgehen, sollen durch historische Überlegungen nicht relativiert werden und sie müssen bekämpft werden, aber die Frage hier in diesem Abschnitt lautet, inwieweit im Feld der Verhaltensweisen Globalität der Digitalität das Menschsein verändert. Das ist meines Erachtens nicht der Fall. Was der Fall ist, ist, dass Soziale und ganz allgemein digitale Medien – das kann auch eine Website einer radikalisierten Gruppe sein – etwas erstmals wieder seit dem Ende des Zweiten Weltkriegs in freie und demokratische Gesellschaften hineintragen können, was man glaubte, mit dem Ende des NS-Regimes, der anderen faschistischen Regime und auch des Stalinismus überwunden zu haben. Doch nicht das Medium oder die verfügbare digitale Technik sind schuld.

---

27   3sat Kulturzeit 9.2.2024: Kultur in Russland: Überwacht und denunziert (der Bericht stand bis 25.2.2024 in der 3sat-Mediathek zur Verfügung).

8   Digitalität

Der Begriff „Digitalität" bezeichnet das Resultat, das sich daraus ergibt, dass unsere Lebenswelt nach und nach vollständig digitalisiert wird: Jegliche Kommunikation und Medien, private und öffentliche Verwaltung, Infrastruktur und Verkehr, Gesundheit, Haushalt, Fabriken, Finanzen, Wirtschaft, Landwirtschaft, Kunst und Kultur, Wissenschaft.[1] Digitalität ist hegemonial, Hegemonialität ist, das zeigt historische Erfahrung, toxisch. Deshalb darf Digitalität in Bezug auf ihren hegemonialen Charakter nicht einfach hingenommen werden, sondern muss durch digitalen Human(itar)ismus ausbalanciert werden.

Schauen wir zuerst auf Digitalisierungsvorgänge. Digitalisierung benötigt Daten, Daten, Daten und nochmals Daten, die wir zum Teil selber erstellen müssen und die, je nach Gesetzeslage, bedingt miteinander verknüpft werden können. Viele Vorgänge und Aktivitäten verwenden digitale Technik, sodass automatisch Daten entstehen und gesammelt werden. Das ist im Auto der Fall, im Operationssaal, bei der Nutzung des Internets. Daten werden strukturiert und ausgewertet, keine Wissenschaftsdisziplin funktioniert heute mehr ohne Methoden der Data Science, es gibt kein politisches Handeln mehr, das nicht wenigstens teilweise datengestützt wäre.

Die Vernetzung von Geräten und von Abläufen funktioniert nur auf die Weise, dass Daten, die bei einer Anwendung entstehen, zugleich für *verschiedene* Anwendungen zur Verfügung stehen. Digitalisierung bedeutet immer auch: digitale Steuerung und Verknüpfung von Prozessen, gegebenenfalls auch selbstgesteuert durch selbstlernende, sich „kreativ verhaltende" Systeme (KI).

Die Vorteile sind unverändert die, die die dem Fortschritts- und Rationalitätsparadigma der Moderne verpflichtete Digitalität mit sich bringt, aber es gibt Kehrseiten und Gefährdungen. Die gewöhnlichste Kehrseite besteht darin, dass ich immer mehr selber erledigen muss, was früher andere für mich erledigt haben. Es trägt zwar zu meiner individuellen Autonomisierung bei, aber diese hat eben ihre Kehrseiten: Die Zeit,

---

1   Für dieses Kapitel wurden Textteile verwendet aus: Schmale (2022), 11–13. Der ursprüngliche Text wurde bearbeitet.

die ich gewinne, weil ich an keinem Schalter oder keiner Kasse anstehen muss, investiere ich, mindestens in Teilen, in das Eingeben und Verwalten von Daten. Ich muss umso mehr Zeit investieren, je weniger durchdacht und je anfälliger für Störungen die digitale Anwendung ist.

Viele digitale Anwendungen kann ich einfach nutzen, ohne verstehen zu müssen, wie sie genau funktionieren. Beliebt sind Navigationsapps, Bezahlapps etc. etc., alles Tools, die den Alltag, das Sich-selbst-organisieren und das Sich-zurecht-finden vereinfachen. Ein individueller Kompetenzerwerb über die Bedienung von Apps hinaus findet dabei kaum statt.

Wer in einer noch nicht-digital organisierten Welt aufgewachsen ist, besitzt meistens Kompetenzen, die heute nicht mehr gefragt sind, weil der Verzicht auf digitale Anwendungen Unbequemlichkeiten mit sich bringt, einen „alt" aussehen lässt und das Gefühl vermittelt, mit der Zeit nicht mehr mitzukommen. Es gibt Umstellungs- und Anpassungsschwierigkeiten, die das Frustrationspotenzial anwachsen lassen.

Wenn man eine selbstreflexive Haltung einnimmt, dann mag die Vernachlässigung eventuell mühsam erworbener Kompetenzen durch den Umstieg auf digitale Anwendungen, die gebrauchsfertig sind, schmerzen; über die vermeintlich „junge Generation", die vermeintlich „gedankenlos" digital vorgeht und auf nicht-digitale Kompetenzen, die im Zweifelsfall autonomes nicht-digitales Handeln ermöglichen, von vornherein verzichtet, wird schnell der Kopf geschüttelt.

Kompetenzverlust entsteht nicht nur auf Seiten der Nutzer*innen digitaler Anwendungen, sondern auch beim Gegenüber – traditionell ein Mensch, dessen Kompetenz ebenfalls nicht mehr gefragt ist, weil, wenigstens im Idealfall, alle erforderliche Information in der Anwendung selber vorhanden ist und Rückfragen bei echten Menschen durch Chatbots ersetzt sind. So, als ginge es in der realen Welt sowieso nur um FAQs und standardisierbare Fragen und Antworten, die ein gängiger Chatbot bewältigt. Wie weiter oben schon einmal bemerkt wurde, sind solche Chatbots durchaus nützlich, aber sie besitzen auch eine andere Seite als nur die nützliche: Die Marginalisierung einer echten zwischenmenschlichen Kommunikation in vielen digital ablaufenden Prozessen, die vordergründig die Dinge vereinfachen, beschleunigen und effektivieren, führt zu menschlicher Entfremdung.

Wo Daten entstehen, sind Tür und Tor für Gefährdungen trotz aller Schutzwälle im Grunde offen. Davor schützt keine Datenschutzgesetzgebung, und sei sie noch so gut ausgebaut. Die kriminellen Tricks, um an Daten zu kommen, sind hochentwickelt, nicht zu reden von regelrechten Hackerangriffen. Elektronische Firewalls schützen ebenso wenig zu 100 %, wie Feuerwände zwischen den Häusern das Übergreifen eines Feuers nicht zu 100 % verhindern.

Die schöne digitale Welt kann unter Umständen ganz schnell zum Alptraum werden – und mindestens kleinere Alpträumchen hat wohl jeder schon gehabt, weil begonnene Registrierungsprozesse aus technischen oder anderen Gründen mehrmals neu gestartet werden mussten, weil ein digitales Formular so nutzer*innenunfreundlich war, dass man es nicht für möglich halten sollte, weil eine Warenbestellung im digitalen Nirvana verschwunden ist, und so fort. Doch macht so etwas die digitalisierte Lebenswelt im historischen Vergleich zu einer qualitativ ganz anderen?

Die Übersetzung der Lebenswelt in Daten begann bereits vor einigen Jahrhunderten, im 18. Jahrhundert war sie schon in „voller Blüte". Die Formularitis grassierte bereits, das heißt, es wurden Informationen gesammelt, die durch die Eintragung in ein Formular standardisiert und normiert wurden, sodass sie auch nicht-digital massenhaft weiter verarbeitet werden konnten. Wer wie ich mit Verwaltungsarchiven des 18. Jahrhunderts gearbeitet hat, hat gewiss, wie ich auch, mit Staunen das Ausmaß der damaligen Datensammelwut zur Kenntnis genommen. Natürlich waren das noch Papierformulare, zum Teil aber vorgedruckt, sodass nur noch die konkreten und individuellen Daten wie in den Passformularen, die im 18. Jahrhundert bereits in Gebrauch waren, eingetragen werden mussten. Die Lebenswelt wurde folglich nicht nur in Daten übersetzt, sondern sie wurde zunehmend normiert, weil Daten auf Normierungen beruhen. Beides zusammen führt zu einer Standardisierung der Lebenswelt, die freilich erst auf der Basis von Digitalität umfassend werden konnte.[2]

Diese historischen Wurzeln verweisen uns erneut auf die Moderne und bekräftigen die Überlegung, dass die heutige Digitalität der Lebenswelt nach wie vor Teil der Moderne ist und diese prolongiert.

Zahlreiche digitale Helfer unterstützen mich in einer menschlich und kulturell bunten Welt. Mit dem Erlernen verschiedener Sprachen muss ich mich eigentlich nicht mehr abmühen, es gibt immer bessere Übersetzungsprogramme. Ich kann in mein Smartphone in meiner Sprache sprechen, die App übersetzt es für mein Gegenüber ins Japanische oder was es zufällig braucht, und umgekehrt. Die Übersetzungsprogramme sind nicht fehlerfrei, die Intonation durch die „Computerstimme" ist selten perfekt und klingt oft nur automatenhaft, aber untauglich ist das alles nicht, und es wird immer besser.

Auch bei diesem Beispiel könnte wieder über Kompetenzverluste gesprochen werden bzw. wäre zu konstatieren, dass von vornherein keine Sprachkompetenzen, die über ein bisschen Schulenglisch oder International English hinausgehen, aufgebaut werden. Andererseits ermöglichen die Übersetzungsprogramme eine Ausdifferenzierung der Kontakte, andere als die gewohnten Wissenswelten werden zugänglich(er). Das geht nicht ohne eine gewisse Motivation und ohne eigene Anstrengungen. Was stattfindet, ist eine Kompetenzverschiebung, hin zu den digitalen Helfern, die mir selber so viele kulturelle Öffnungen ermöglicht wie ich will oder bewältigen kann.

Digitalisierung in einer Sparte geschieht nie völlig getrennt von Digitalisierung in einer anderen Sparte. Bei der Digitalisierung hängt alles mit allem zusammen, weil Digitalisierung potenziell alles mit allem zusammenbringt. Digitalisierung benutzt das

---

2   S. dazu Schmale (2014), 55–76.

Internet als Infrastruktur. *Im Grundsatz* kennt sie daher keine Grenzen. Die Technik ist *im Grundsatz* überall dieselbe, Innovationen verbreiten sich in der Regel im Handumdrehen global. Die Digitalisierung bereitet à la longue sogar die Vernetzung der Menschheit mit Außenstellen im Weltraum, bzw. die Umsiedlung der Menschheit von der Erde auf einen anderen oder mehrere andere Planeten vor. Digitalisierung beinhaltet die Nutzung von Komplexität bei gleichzeitiger Komplexitätsreduktion für die einzelne Person. Sie ermöglicht, Komplexität zu bewältigen und zu reduzieren bzw., insoweit sie neue Komplexität schafft, diese konstruktiv einzusetzen und zu nutzen.

Digitalisierung ermöglicht die passgenaue Optimierung des Verbrauchs von Ressourcen aller Art; die Verflüssigung von Prozessen und Tätigkeiten aller Art; die Umwandlung von bisher einzeln für sich ausgeführten Tätigkeiten in gesteuerte und verknüpfte flüssige Prozesse. Die Digitalisierung der Lebenswelt stellt sich als dynamischer Prozess dar: Digitalisierung führt zu weiterer Digitalisierung. Viele Alltagshandlungen werden durch Digitalisierung von „Schema-F", das für alle gilt, auf individuelle (meistens App-basierte) Schemata umgestellt.

Digitalisierung bedeutet, dass das Zusammenspiel von menschlicher Sprache, von Sprachbefehlen mit elektronischen Geräten (oder Maschinen oder Robotern) ständig verbessert und intensiviert wird, dass biologische Körper, einerseits, und Geräte (Maschine, Roboter), andererseits, immer mehr zu einer Handlungsgemeinschaft als Teil verknüpfter flüssiger Prozesse entwickelt werden. Dies schließt die Vernetzung von Tieren mit ein, ebenso die der Umwelt, über die Daten erhoben und in die Netzwerke eingespeist werden. Digitalisierung ersetzt nicht nur bisher manuell oder mechanischmaschinell ausgeführte Tätigkeiten, sondern ermöglicht neuartige Tätigkeiten wie autonomes Fahren von Bahnen, Bussen und, auf längere Sicht, sonstigen Fahrzeugen, um nur ein Beispiel zu nennen. Das heißt, Digitalität ist im Endeffekt immer *smart*.

Smartheit und Hegemonialität gehen im Falle der Digitalität Hand in Hand. In der Fernsehwerbung tritt Digitalität nicht nur smart im Sinne von intelligent verknüpften Geräten auf, die ich allein mit meinem Smartphone und seinen Apps arbeiten lassen kann, sondern sie ist auch im umgangssprachlichen Sinne smart. Hegemonialität gibt sich immer smart, das ist das Dilemma.

Das *Augen*fälligste an der Digitalität sind die Bildschirme (Displays, Screens), in allen Größen von der Smartwatch bis zum riesigen LED-Bildschirm für ein Public Viewing. Bildschirme werden seit knapp 100 Jahren verwendet, Computerbildschirme sind seit den 1960er Jahren gebräuchlich.

Alle Daten nehmen letztlich auf einem Bildschirm eine visuelle Gestalt an. Am Bildschirm sehe ich einen nach unterschiedlichen Methoden zustande gekommenen „digitalen Zwilling"[3] eines bestimmten Ausschnitts aus der realen Welt. Oder es wird eine an sich nicht sichtbare, sondern nur aus Big Data errechenbare Wirklichkeit so

---

3 Krcmar (2018), 6.

visualisiert, dass ich mir, wenn ich die Visualisierung am Bildschirm betrachte, etwas darunter vorstellen kann, was sich mit meinem Vorrat von Abbildern der Wirklichkeit zusammenbringen lässt.

Zu jedem Bildschirm gehört ein Gerät oder gehören mehrere Geräte, sprich, im Digitalzeitalter ist die Lebenswelt mit der Digitalität dienenden Geräten möbliert, die höchst unterschiedlich aussehen. Zwischen der Smartwatch und dem Auto als fahrendem Computer gibt es tausend Gerätevariationen. Immer mehr dieser Geräte verfügen über ein eigenes Auge oder Augen, sprich Videokameras, sowie „Ohren", sprich Mikrofone, oder Sensoren, darunter Fingerabdrucksensoren.

Viele Menschen starren permanent auf den Bildschirm ihres Smartphones. Sie tun das zuhause, sie tun das, wenn sie im Café mit Familie oder Freunden zusammensitzen, sie tun das, wenn sie die Straße überqueren, wenn sie irgendwo hingehen oder hinfahren. Sie bewegen sich unter Menschen, aber der Blick ist nicht auf die Anderen gerichtet, sondern auf den Bildschirm. Der Bildschirm stellt die Schnittstelle zu digital konstruierten Wirklichkeiten (s. Kapitel 10) dar. Auch während auf den Bildschirm geschaut wird, sind die menschlichen Sinne aktiv, aber gerade nur so, dass sich der Körper in der Regel kollisionsfrei im Raum bewegt, Geräusche wahrgenommen und auf der Grundlage abgespeicherter Erfahrungen Menschen, Dingen und Situationen automatisch zugeordnet werden, Hindernisse quasi im Augenwinkel erkannt werden. Nur wenn jemand, der oder die für die Sicherheit im Zugverkehr verantwortlich ist und auf den Handy-Bildschirm schaut und dort spielt, statt auf die Überwachungs-Bildschirme zu achten, also die Umgebung ausblendet, kommt es zu Unfällen – zuweilen mit mehreren Toten und Dutzenden Verletzten.[4] Wenn jemand Auto fährt und am Handy dabei Kurznachrichten schreibt, statt auf den Verkehr zu achten, kommt es immer wieder zu Unfällen. Wer den Bildschirm wichtiger nimmt als die tangible direkte Umgebung, kann schnell zu einer tödlichen Gefahr für andere und sich selbst werden.

Zunächst machte das Fernsehen den Bildschirm allmählich zu einem alltäglichen Tor in die Welt. Niklas Luhmann charakterisierte einen der Effekte des Fernsehens als „Bagatellisierung des Standortes".[5] Das trifft auf die Situation der Nutzer*innen der Bildschirme im Digitalzeitalter uneingeschränkt zu. Wo immer ich mich aufhalte, ist der Bildschirm, den ich im Fall des Smartphones bei mir trage, das Tor zur Welt. Ich muss niemals meinen Standort wechseln oder nur einen bestimmten einnehmen, um bei irgendetwas live dabei zu sein oder um mir ein gewünschtes Wissen anzueignen.

Digitalität mag im ersten Augenblick wie die pure Rationalität erscheinen, aber auch sie kommt nicht ohne Mythologisierungen aus. „Der neue Mensch" ist ein Topos, der in vielen Phasen der Geschichte immer wieder auftaucht, so auch im Digitalzeitalter,

---

4   Ich beziehe mich auf das Zugunglück in Bayern am 9. Februar 2016 zwischen Bad Aibling und Kolbermoor. Der Fahrdienstleiter war durch ein Videospiel am Handy abgelenkt. 12 Tote, 80 zum Teil Schwerverletzte. Suche nach den Fakten mit Bing Chat.

5   Luhmann (1997), Bd. I, 152.

das ein Potenzial zur Robotisierung des Menschen in sich trägt. Hier wird also nicht mehr auf die ideologische oder mentale Neugeburt des Menschen, wie in den Ideologien des 20. Jahrhunderts oder in den Utopien der frühen Neuzeit, spekuliert, sondern auf die technische Aufrüstung, die den Menschen zum Übermenschen hinsichtlich seiner physisch-mechanischen, aber möglicherweise auch zum Sklaven der künftigen Hypercomputer macht. Das ist derzeit pure Mythologie.

„Die alte Welt war voll unergründlicher ‚Geheimnisse‘", schrieb Luhmann.[6] Unsere heutige Welt scheint das weniger zu sein, weil Forschung vor nichts haltmacht und mittels KI intensiver als je zuvor vorangetrieben werden kann. Doch für die meisten Menschen ist die Welt immer noch voller Geheimnisse. Man hat den Eindruck, dass, je mehr durch Forschung entschlüsselt und damit entzaubert wird, die Neigung zunimmt, geheime Verschwörungen am Werk zu sehen, Spuren von Aliens auf der Erde zu entdecken oder Ereignisse wie die Mondlandung als überzeugend gemachtes Fake anzusehen. Das mögen andere Arten von Geheimnissen als in früheren Jahrhunderten sein, aber die Tendenz, neben der *entzauberten* Welt eine *verzauberte* mental zu erhalten, ist mächtig. Zum Teil findet eine Verschiebung in die Zukunftsvorstellungen statt, die Zukunft wird mittels Science Fiction mythologisiert, während die Geschichte der digitaltechnischen Erfindungen und Entwicklungen wie schon immer heroisiert und dadurch in gewisser Weise ebenfalls mythologisiert wird. Ein Filmtitel wie „2001: Odyssee im Weltraum" (Stanley Kubrick, 1968) ist wunderbar treffend, weil er beide mythologischen Dimensionen der menschlichen Vorstellungswelt – Geschichte und Zukunft – vereint.

Science Fiction in Text, Literatur, Film und anderen performanten Künsten geht den nächsten Globalisierungswellen und Entwicklungsstufen von Digitalität meistens voraus, so dass oft der Eindruck entstanden sein muss, dass Fiktion Realität wurde.[7] Jedenfalls wird das Potenzial von Technik als solcher mythologisiert – das reicht von der älteren Science Fiction wie bei Jules Verne über George Orwells „1984" bis zu Cixin Liu's „Jenseits der Zeit".[8]

Im Mythos ist zwar nicht der Raum, aber die Zeit überwunden, so wie mir am Bildschirm im Digitalzeitalter alles und jedes, egal aus welcher Zeit, gleichzeitig präsentiert wird. Ich kann mich auch in einer virtuellen Welt, z. B. dem antiken Athen, bewegen, so, als gebe es zwischen mir und jener attischen Lebenswelt keine vergangene Zeit. Solche Konstellationen sind Mythologisierungen förderlich.

Das Spielerische virtueller Welten soll nicht einfach mit Mythos und Mythologisierung vermengt werden, aber es macht die Übergänge fließend. Es ermöglicht Fluchten

---

6   Luhmann, ebd., 154.
7   Zahlreiche Beispiele bei Schrape (2021), 57 f. Drux (2002).
8   Liu (2019). „Jenseits der Zeit" bildet mit „Die drei Sonnen" und „Der dunkle Wald" eine Trilogie.

aus dem Alltag, es befreit vom „Absolutismus der Wirklichkeit" (Hans Blumenberg, 1920–1996)[9], wie auch der Mythos es tut.

Das Digitalzeitalter mit seiner ganzen Digitalität ist mitnichten angetan, uns „Geheimnis" und „Mythos" loswerden zu lassen, dies bleibt uns wie seit eh und je. Wir sind derweil nicht im Posthumanismus angelangt, diese Perspektive verschiebt sich weit in die Zukunft, wenn Mensch und Computer zusammengewachsen sind und sich eine Unterscheidung zwischen beiden erübrigt. Science Fiction!

9   Blumenberg (1979), 9–39.

9 Künstliche Intelligenz

Walter Ch. Zimmerli wies einmal darauf hin, dass die ursprüngliche englische Wortbildung „Artificial Intelligence" im Deutschen etwas inadäquat mit „Künstlicher Intelligenz" übersetzt worden sei.[1] Im Deutschen ist „Intelligenz" bedeutungsmäßig mit der menschlichen Intelligenz verbunden, im Englischen bedeutet „intelligence" ebenso gut Aufklärung im militärischen Bereich oder bei den Geheimdiensten. Korrekter sei die Übersetzung mit „technische Datenverarbeitung" bzw. „Informationsverarbeitung". Das wiederum klingt etwas zu harmlos angesichts des Umstandes, dass KI über die im weitesten Sinne technische Datenverarbeitung und z. B. Mustererkennung hinaus, Kunstwerke schaffen, Musik komponieren, Texte schreiben oder alternativ ziemlich viel Unheil anrichten kann. Freilich: Auch bei diesen „Kunststücken" werden Daten verarbeitet, aber das ist mehr als mit dem inzwischen traditionsreichen Begriff der Datenverarbeitung üblicherweise gemeint ist.

Erstaunliche Leistungen von KI wie bei Schachcomputern oder heutzutage ChatGPT von OpenAI oder „Claude" von Anthropic[2] lenken in der Öffentlichkeit die Aufmerksamkeit aus verständlichen Gründen immer wieder auf den Vergleich zwischen menschlicher und künstlicher Intelligenz. Wahrscheinlich wäre es besser, sich für den Einsatz von KI bei der Suche nach neuen Medikamentwirkstoffen zu interessieren, aber der öffentliche Fokus liegt derzeit bei diesen Aufmerksamkeitscatchern.

Ein Vergleich zwischen menschlicher und künstlicher Intelligenz ist alles andere als einfach, wie es der Philosoph Daniel Andler in einem sehr umfangreichen Buch 2023 dargelegt hat.[3] KI kann bestimmte Probleme lösen, die menschliche Intelligenz nicht lösen kann, weil es um gewaltige Rechenleistungen auf der Grundlage von Big Data geht, während KI bestimmte Probleme nicht lösen kann, hingegen die menschliche Intelligenz, weil sie unterschiedlichste lebensweltliche Erfahrungsbereiche verknüpfen kann – auch solche, die (noch) keinen „digitalen Zwilling" haben.

---

1 Zimmerli (2002), 88 f.
2 https://www.anthropic.com/.
3 Andler (2023).

„Problemlösung" stellt ein Feld dar, auf dem sich die „beiden Intelligenzen" vergleichen lassen, menschliche Intelligenz kann jedoch nicht auf die Problemlösungskompetenz beschränkt werden. Sie umfasst viel mehr, sie kann nicht vom kognitiven, psychischen und emotiven Apparat gelöst werden. Bisher existiert auch kein einzelner so mächtiger Algorithmus, der mit der menschlichen Intelligenz mithalten könnte, vielmehr werden üblicherweise ungezählte Algorithmen, die getrennt von einander arbeiten, addiert, so als seien sie einer und würden wie ein einziger arbeiten – aber das sind sie eben nicht und tun sie nicht.[4]

Was den Vergleich zwischen KI und menschlicher Intelligenz angeht, liefert Andler ein hübsches Statement: „Man vergleicht einen Cowboy nicht mit seinem Schatten".[5]

Die Debatte wird oft auf ein Nicht-Problem verkürzt, nämlich eine vermutete künftige Überlegenheit von KI gegenüber der Intelligenz des Menschen. Diese wird meistens implizit als hierarchisches und Machtverhältnis gedacht, in dem „die" KI die Herrschaft über die Menschheit übernommen hat. Wir scheinen überwältigt, weniger aus Bewunderung, denn vielmehr aus Angst vor dem Ungewissen, wohin das führen wird. Darüber wird leicht die eigentliche Fragestellung vergessen: Was wollen wir als Menschen, in Bezug auf unser Menschsein? Haben wir davon überhaupt noch eine Vision oder sind wir nurmehr Getriebene?

Bisher konnte die Frage, wie man genau im Vergleich hier KI und dort menschliche Intelligenz definiert, nicht gelöst werden. Seit Alan Turing und seinem Test – „Turing Test", 1950 – läuft die Diskussion. Es ist legitim zu behaupten, KI sei etwas Neues. „Neu" ist gleichwohl relativ, entscheidende Fragen zu KI wurden ja schon in den 1950ern aufgeworfen. Und diese Wissenschaftler starteten ihre Überlegungen nicht bei Null. KI besitzt folglich eine längere (Vor-)Geschichte.

Genauso legitim ist es allerdings, sich von der Vorstellung zu trennen, dass alles, was mit Digitalität zu tun hat, neu ist und in unserer Lebenswelt andere, sprich neue Qualitäten produziert.

KI stellt eine externe Erweiterung der menschlichen Intelligenz dar. Mit Unterstützung von KI kommt die menschliche Intelligenz weiter als ohne eine solche. Sagen wir: „Extern" gilt so lange, wie der Mensch kein Cyborg geworden ist. Diese Festlegung gilt folglich noch für die nächsten Jahrhunderte. Außerdem: Es gibt nicht wirklich einen Grund, nur dann von KI zu sprechen, wenn digitale Technik benutzt wird. Externe Erweiterungen der menschlichen Intelligenz gibt es schon sehr lange. Sprache und Schrift können unter diesem Gesichtspunkt betrachtet werden.

Ich stellte ChatGPT folgende Frage: „Wäre es zutreffend, Sprache und Schrift als (komplexen) Algorithmus zu bezeichnen?" Die Antwort (die ohne Quellen- und ggf. Zitationsbelege geliefert wurde) lautete:

---

4 Ebd., 245.
5 Ebd., 246.

Die Bezeichnung von Sprache und Schrift als „komplexen Algorithmus" ist eine interessante Perspektive, die in der Linguistik und Computerlinguistik diskutiert werden kann. Hier sind einige Überlegungen dazu: [...] In gewisser Weise könnte man argumentieren, dass Sprache als ein System von Regeln und Mustern betrachtet werden kann, die es ermöglichen, Gedanken und Informationen zu kodieren und zu kommunizieren. Diese Regeln und Muster können als ein Art Algorithmus angesehen werden, der die Syntax, Semantik und Pragmatik einer Sprache beschreibt. Die Transformation von Gedanken in sprachliche Ausdrücke und die Interpretation von sprachlichen Ausdrücken durch andere können als algorithmische Prozesse betrachtet werden.
Schrift kann ebenfalls als eine Form der Kodierung von Sprache betrachtet werden. Schriftsysteme verwenden Regeln und Symbole, um gesprochene Sprache in schriftlicher Form darzustellen. Diese Regeln können ebenfalls als algorithmisch angesehen werden, da sie eine Methode zur Umwandlung von gesprochener Sprache in geschriebene Form bieten.[6]

Auf den Chatbot-typischen Duktus dieser Antwort will ich nicht weiter eingehen – es ist viel von „kann", „könnte", „können", „interessant" usw. die Rede. Die Antwort bleibt im Unbestimmten, es könnte eine andere Antwort genauso gut zutreffen. Der Chatbot ist kein „peer", dem man seine Hypothesen zur Diskussion vorlegt, um zu erfahren, ob ein Gleich-Kompetenter der Hypothese etwas abgewinnt oder substanzielle Einwände vorbringt.

Also: Nochmal zurück auf „Anfang" und dann los ohne ChatGPT: Sprache und Schrift sind enorme Speicher für Informationen, für Wissen, für Deutungen, für Bedeutungen, für vorgefertigte didaktische Ordnungen, zu denen auch Klischees und Stereotypen sowie z. B. die oben im 2. Kapitel angesprochenen Zeitaltereinteilungen zählen. Ohne all dieses Vorgefertigte und abrufbereit Gespeicherte könnten wir gar nicht kommunizieren. Sprache und Schrift vernetzen Millionen bzw. Milliarden menschlicher Gehirne. Wir sind nicht einmal wirklich frei im Gebrauch all dessen, das hat uns der Dekonstruktionismus gezeigt. Und er hat uns gezeigt, dass sich all das, was sich im enormen Speicher befindet, miteinander verknüpfen kann, ohne dass wir im Detail wüssten, wie. Das „wie" wird erst durch ausdrückliche Dekonstruktion sichtbar, die jedoch im gesellschaftlichen Leben viel Ablehnung erfährt und mittels Verschwörungstheorien und anti-wissenschaftlichen Argumentationen konterkariert wird.

Tatsächlich entspricht die Anlage von Archiven, die immer, wenn man es abstrakt und grundsätzlich betrachtet, Datenspeicher darstellen, der künstlichen Erweiterung der menschlichen Intelligenz. Archive, egal, was sie materiell betrachtet sind, speichern wie eine Sprache unzählige Muster (und natürlich vieles andere), die sich zu einem beliebigen Zeitpunkt wieder sichtbar machen lassen, auch wenn sie zwischen-

---

6 Chat vom 3. Oktober 2023.

durch „vergessen" gewesen sind, sofern die adäquaten Methoden entwickelt wurden. Ob diese „analog" oder digital-KI-mäßig sind, spielt keine Rolle.

Ein Hauptmangel der Debatten und Befürchtungen rund um KI besteht darin, dass implizit entgegen den tatsächlichen historischen Abläufen so getan wird, als sei der Mensch bisher nicht von Erweiterungen seiner Intelligenz abhängig gewesen. Der „Übermensch" ist folglich keine unangenehme Zukunftsvision, vielmehr wird implizit vorausgesetzt, dass der Mensch ein Übermensch ist und dass nun das „Über-" durch KI bedroht wird.

Ohne Zweifel ist eine kritische Begleitung der derzeit sich schnell entwickelnden KI-Techniken nötig. Gesetzliche Einhegungen sind erforderlich, Missbrauch muss bekämpft werden. Die Mehrzahl der Menschen geht jedoch mit KI-Anwendungen pragmatisch um. Und das mit gutem Grund, wenn man an Medizin, Pflege, Bildung und Ausbildung, industrielle Fertigungen, ressourcenschonende Produktionstechniken und so fort denkt. Vom digital verfügbaren datenbasierten Wissen kann man mit herkömmlichen Suchtechniken gar nicht profitieren, sondern höchstens die Spitze des Eisbergs erfassen. Das gilt sowohl in Bezug auf das „Weltwissen" wie in Bezug auf einzelne Firmen oder Behörden, die den Daten- und Informationsschatz, den sie eigentlich „auf der Festplatte" haben, gar nicht nutzen können. Mit Chatbots à la ChatGPT erhöht sich die Chance, besser und umfassender davon zu profitieren, wobei Datenschutzvorschriften nicht außer Kraft gesetzt werden dürfen.

Im Lauf der Geschichte wurde bisher noch jede Möglichkeit, besser und umfassender auf prinzipiell verfügbares Wissen zuzugreifen, genutzt – man denke nur an den ungeahnten Verkaufserfolg der *Encyclopédie* in der zweiten Hälfte des 18. Jahrhunderts und deren historische Wirkung als Modell bis hin zur digitalen Wikipedia.[7]

Wenn ich formuliere „auf verfügbares Wissen zugreifen", dann darf das nicht eng verstanden werden, denn KI tut mehr als das. Sie kreiert „Wissen", wobei die Ergebnisse von KI-Arbeit erst dann tatsächlich als „Wissen" bezeichnet werden können, wenn sie von Menschen evaluiert und approbiert worden sind.

In vielen Bereichen, in denen KI eingesetzt wird, wie z. B. beim „autonomen Fahren", werden nicht nur massenhaft Daten mittels Kameras und Sensoren gesammelt, sondern unmittelbar ausgewertet und in diesem Sinn in „Wissen" transformiert, auf dessen Grundlage Handlungsanweisungen an die entsprechenden Apparaturen des Fahrzeugs gegeben werden, die diese dann ausführen. In der Praxis funktioniert das oft nicht so, das Fahrzeug bleibt scheinbar „unmotiviert" einfach stehen oder es kommt sogar zu Unfällen, aber das ändert nichts am systemischen Zusammenhang der einzelnen Schritte der KI.

Bisher war immer klar und klar darstellbar, warum eine bestimmte Technologie funktionierte. Bei KI im Zusammenhang selbst lernender Systeme ist das nicht mehr

---

7   Zum Verhältnis von *Encyclopédie* und Wikipedia s. Rahmstorf (2023), passim.

zwingend klar, selbst Fachleute räumen ein, dass man nicht im Detail, Schritt für Schritt, sagen kann, wie eine sich selbst trainierende KI zu ihren Ergebnissen kommt. Manche Autor*innen sprechen von einer Black Box. Das ist eine neue Erfahrung. Sie ist Teil der digitalen Konstruktion von Wirklichkeit, man darf diesen Umstand folglich nicht isoliert betrachten.

Die Fortschritte bei der Entwicklung von KI geben keinen Anlass zu Jubel. Von autonom zuverlässig und fehlerfrei fahrenden Autos sind wir noch sehr weit entfernt.[8] Alles in allem sind viele Ergebnisse fehlerbehaftet und unzuverlässig. KI kann noch lange nicht überall eingesetzt werden, weil Fehler zu schrecklichen Unfällen führen könnten.[9] Die Fähigkeit zu verstehen, wie es zu Fehlern kommt (das entspricht der oben erwähnten Tätigkeit der Dekonstruktion) und wie diese vermieden werden können, steckt selber noch in den Kinderschuhen.[10] Nach I. Kraljevski, C. Tschöpe und M. Wolff befinden wir uns in Sachen KI nach wie vor auf der untersten Stufe von dreien: „artificial narrow intelligence – ANI, artificial general intelligence – AGI and artificial super intelligence – ASI". Die Autor*innen stellen fest: „Although the big corporations (such as Google or Tesla) are revolutionizing the ways in which artificial intelligence interacts with humans and the environment, all the existing solutions could be described as ‚Weak AI' (artificial narrow intelligence)."[11] Das stimmt mit den Ausführungen von Daniel Anderl (s. oben) überein.

Die eigentliche Frage lautet, was wir wollen – anstatt uns von KI-Entwicklungen wehrlos schubsen und stoßen zu lassen. Dass wir vieles in Medizin, Wissenschaft, Technik usw. gar nicht ohne den Einsatz von KI bewältigen können, ist unbestritten und wird kaum kontrovers diskutiert. Momentane Debatten befassen sich intensiv mit der Frage, was daraus folgt, dass KI nunmehr auf den Bereich menschlicher Kreativität losgelassen wurde. Werden Wissenschaftler*innen, Ingenieur*innen, Journalist*innen, Kulturschaffende aus allen Sparten überflüssig? Wollen wir weiterhin lieber Inhalte und Produkte, die Menschen mit professioneller Ausbildung, mit sich im Lauf des Lebens kumulierender Erfahrung, ausgestattet mit Empfindungsvermögen, Leidenschaften und Wertvorstellungen, geschaffen haben? Die meisten Menschen werden darauf wohl mit ja antworten, nicht zuletzt weil alle Menschen in ihrem Lebensalltag ihre Kreativität für dies oder das einsetzen.

KI-Leistungen sind derzeit weit davon entfernt, mit menschlicher Kreativität gleichzuziehen, wie Palle Dahlstedt in einer Studie nachgewiesen hat. Am Beispiel von Musikkompositionen zeigt er, dass KI, die mit den Kompositionen von Johann Sebastian Bach (1685–1750) oder Claude Debussy (1862–1918) gefüttert wurde, zwar neue Stücke

---

8 Klimczak (2023), 84.
9 Auf die Grenzen von KI im Sinne von Fehleranfälligkeit geht ein Paper der European Academy of Sciences and Arts ein: European Academy of Sciences and Arts (EASA) Expert Group (2022).
10 Hartmann/Richter (2023), Abschnitt 4.
11 Kraljevski et al. (2023), 121.

ganz im Stil von Bach oder Debussy komponieren kann, nur bleibt es innerhalb des „Areals", das heißt Innovation, wie sie im Lauf des Lebens bei allen Komponist*innen stattfindet, so dass sie, wenn sie älter geworden sind, anders komponieren als zuvor, findet nicht statt, es wird KI-mäßig komponiert wie zuvor.[12] KI geht hier in gewissem Sinn die menschliche Zeitdimension ab. Ein Beispiel: Arnold Schönberg (1874–1951), der im Alter von 9 Jahren erste Kompositionen vorlegte, war die Zwölftonmusik nicht in die Wiege gelegt, er war ungefähr 40 Jahre alt, als er hier den Durchbruch erzielte. Eine KI im Sinne echter menschlicher Intelligenz müsste also über mehrere Jahrzehnte „funktionieren" wie ein Mensch, der seine Kreativität z. B. im Bereich der Komposition entwickelt und schließlich bei der Zwölftonmusik landet. Das war weder vorgezeichnet noch dem neunjährigen Buben, der zu komponieren anfing, vorbestimmt.

KI, die darauf trainiert wird, in den Bereich menschlicher Kreativität einzudringen, geht bisher von einer essentialistisch gedachten Kreativ-Identität der Menschen aus. Das trifft aber nicht zu, jede menschliche Identität ist, auf die Lebensdauer gesehen, mindestens facettenreich und bis zu einem gewissen Grad hybride. Für Menschen, die uns als kreative Kulturschaffende gegenübertreten, gilt häufig, dass sie sich von Zeit zu Zeit „neu erfinden". Die Louise Bourgeois (1911–2010), die uns heute meistens wegen ihrer bronzenen Spinnenskulpturen oder phallusartigen Skulpturen bekannt ist, lässt die Malerin, die sie in den 1940er Jahren in New York war, nicht vermuten – und umgekehrt. Hierzu könnten zigtausende von Beispielen angeführt werden, und letztlich gilt dasselbe für sehr viele, wenn nicht alle Menschen.

Wenn wir einen Zeitungsartikel, einen wissenschaftlichen Aufsatz, ein Buch oder sonstwas lesen, bekommen wir normalerweise den Namen der Autor*innen mitgeteilt. Schauen wir ein Kunstwerk an, wird uns normalerweise mitgeteilt, wer es gemacht hat. Hören wir Musik, erfahren wir auch, von wem das ist, wer da singt und spielt und ggf. dirigiert. Und so fort. Das ist zunächst nur eine Praxis, die einem eingeübten Kulturmuster folgt, das es in der Frühgeschichte der Menschheit eventuell so noch nicht gegeben hatte. Aber nun gibt es das Kulturmuster, seit langem, und diese Praxis ist längst global verbreitet. Bei vielem stellen wir folglich immerzu eine in den meisten Fällen virtuelle oder imaginierte Verbindung mit einem schöpferischen Menschen oder einer Gruppe her, den/die wir persönlich meistens nicht kennen. Doch wie wichtig ist das? Worauf kommt es uns mehr an? Dass ein Mensch mit seiner Kreativität dahinter steckt oder geht es nur um die ästhetischen Qualitäten des Inhalts oder Produkts, egal wer oder was dahinter steckt?

All das, was mittels menschlicher Kreativität geschaffen wird, schöpft einen Teil seiner Bedeutung eben aus dem Umstand, dass es auf menschlicher Kreativität und keiner anderen beruht. KI, die anstelle menschlicher Kreativität eingesetzt wird, kann ausreichende ästhetische Qualität schaffen, so dass wir mit dem Ergebnis zufrieden

---

12 Dahlstedt (2019).

sind. Aber das Wissen darum, dass es eine KI war und kein Mensch, ist nicht hinter-gehbar und nicht zu beseitigen. Künstlich bleibt künstlich.

Alles, was menschliche Kreativität schafft, ist Teil der sich, wie es die oben nach Luhmann zitierte Aussage verdeutlicht, kommunikativ organisierenden (Welt-)Ge-sellschaft. KI schafft keine Gesellschaft und erhält keine Gesellschaft kommunikativ am Leben.

Jeder Mensch verfügt über eine individuelle Ausprägung von menschlicher Intel-ligenz. Die Ausprägung und Prägung beginnt vor der Geburt und hört nie auf. Jede menschliche Intelligenz ist unverwechselbar, acht Milliarden mal, zehn Milliarden mal. Bei genauer Betrachtung muss man sagen, dass der Vergleich von künstlicher „In-telligenz" mit menschlicher Intelligenz überhaupt nicht naheliegt, sondern vieles von dem, was einen Menschen ausmacht, von vorneherein wegstreicht. Das ergibt einen künstlichen Experimentaufbau, der nicht anders als schief gehen kann.

Es gibt gar keinen Grund, die Position aufzugeben, dass jegliche Art von KI nichts anderes als ein brauchbares Hilfsmittel für den Menschen darstellt, komplexe Aufga-ben tatsächlich lösen zu können – oder sich an vermeintlich kreativen KI-Produkten zu ergötzen und sich die Zeit zu vertreiben. Aber das vertreibt keineswegs den Men-schen aus dem Feld der Kreativität.

KI wird trainiert an von Menschen erstelltem Material. KI kann daraus neue Er-kenntnisse ableiten, die dann wiederum das Trainingsmaterial bereichern. Wird es irgendwann so sein, dass nur noch durch KI erstelltes Material die Erkenntnis- und Wissensbasis erweitert und nicht mehr der Mensch? Wird Innovation ohne KI irgend-wann nicht mehr passieren? Diese Fragen sind heute noch nicht zu beantworten. Spe-kulieren darf man, aber es gibt immer unvorhersehbare Einschnitte und Zufälle, die einen eingeschlagenen Pfad abschneiden, jedenfalls unbegehbar machen.

Über all dem sollten wir derweil daran denken, unser Gehirn immer ausreichend zu fordern, um der Gefahr der „digitalen Demenz"[13] zu entgehen. Diese geht nicht nur von Sozialen Medien für Jugendliche wie z. B. TikTok[14] aus, sondern generell für alle Menschen.

Dass wir uns selber aktiv an etwas erinnern, was wir tun sollten, an ein Gerät, das wir ein- oder ausschalten sollten, an etwas, was wir besorgen sollten, an jemanden, den wir endlich besuchen sollten, usw. usf., das nehmen uns zunehmend digitale Helfer ab. Wenn ich mit ein oder mehreren körperlichen Beeinträchtigungen umgehen muss, sind solche und andere digitalen Helfer ein Segen und unersetzlich. Wenn das aber nicht zutrifft, gilt Folgendes: Wir werden bequem und vernachlässigen das Training unserer Gedächtnisleistung. Dasselbe geschieht, wenn wir Übersetzungsmaschinen verwenden, dies ramponiert auf Dauer unsere aktive Fremdsprachenbeherrschung,

---

13 Spitzer (2012).
14 Vgl. Amnesty International (2023).

irgendwann geht es dann nur noch mittels Maschine. Nachdem wir das Handschrift-liche zugunsten des Herumtippens auf der Tastatur bzw. des Wischens mit dem Finger stark reduziert haben, lockt als Nächstes die Spracheingabe, die das lästige Tippen er-setzt. Immer gehen uns dabei Kompetenzen verloren, werden weniger Gehirnareale aktiviert. Dasselbe geschieht, wenn wir den Ehrgeiz verlieren, die Suchmaschine mög-lichst virtuos zu handhaben, weil wir ChatGPT oder einen anderen Chatbot für uns arbeiten lassen. Es ist und bleibt entscheidend, KI hin oder her, das lebenslange Ler-nen nicht zu verlernen und sich die Fähigkeit zur menschlichen Erkenntnisgewinnung zu erhalten.

10   Digitale Konstruktion der Wirklichkeit

Das digitale Zeitalter stellt eine Epoche dar, in dem die „digitale Konstruktion von Wirklichkeit"[1] eine sehr spezielle Rolle spielt, insoweit sie mit der uns scheinbar vertrauten Geschichtlichkeit von Gesellschaft in Widerstreit gerät.[2] Die digital konstruierte Wirklichkeit stellt zu einem guten Teil eine *errechnete* Wirklichkeit dar, die nur durch Visualisierung am Bildschirm „real" wird.

Man könnte versucht sein, bei „digitaler Konstruktion von Wirklichkeit" wörtlich zu denken: Mit 3D-Druckern werden heute Häuser gebaut, Maschinen, Waffen, Prothesen und vieles andere mehr hergestellt. Auch dem sind umfassende Berechnungsprozesse auf der Grundlage von Big Data vorausgegangen. Gleichwohl ist das materielle Ergebnis dem sehr ähnlich, das mit traditionellen Herstellungsmethoden erzielt wird. Ich kann das Produzierte anfassen, begehen, an meinem Körper befestigen – ich brauche keinen Bildschirm. Diese spezielle Art, digital zu konstruieren, ist in diesem Kapitel nicht gemeint.

Der Begriff der „Wirklichkeit" ist komplex und letztlich nicht eindeutig zu definieren. Im Grundsatz entspricht „Wirklichkeit" der von uns mit allen Sinnen und den in der jeweiligen historischen Zeit verfügbaren Informationsmedien erfassbaren Lebenswelt. Wie wir diese erfassen bzw. wahrnehmen hängt nicht nur von der unmittelbaren sinnlichen Erfassbarkeit ab, sondern von Wahrnehmungsmustern, die wir erlernt haben, die wiederum aus gesellschaftlichen und individuellen Lern- und Konstruktions- sowie Kommunikationsprozessen hervorgehen.

Die „Konstruktion von Wirklichkeit" gehört zum Menschen wie das Atmen oder Schlafen. Erkenntnislehren gehen in der Regel davon aus, dass das, was als „Wirklichkeit" bezeichnet wird, durch den Menschen individuell (subjektiv) *und* kollektiv (gesellschaftlich) konstruiert wird. Normalerweise sind beide Konstruktionswege eng miteinander verwoben. Die seinerzeit umfassendste Theorie haben dazu Peter L.

---

1   Zur digitalen Konstruktion von Wirklichkeit s. Schmale (2018).
2   Dieses Teilkapitel beruht auf: Schmale (2022), 19–26. Der Text wurde überarbeitet.

Berger und Thomas Luckmann 1966 in dem Buch „Die soziale Konstruktion der Wirklichkeit" entworfen.[3]

Das Buch war sehr inspirierend und hat viele Diskussionen angestoßen. Zu dieser Zeit, den 1960er Jahren, gab es längst Informationstechnologien, die dazu nötigen Computer, und sicher war das alles schon längst keine exotische Angelegenheit mehr. Das Memorandum „The Triple Revolution" thematisierte die „Cybernation Revolution", und das war im März 1964.[4] Trotzdem spielte der Begriff „digital" (oder „elektronisch" oder eine Wortzusammensetzung mit „Computer-") in den weltberühmt gewordenen Erkenntnistheorien des Jahrzehnts zwischen 1965 und 1975 (erwähnt sei die „Archäologie des Wissens" von Michel Foucault[5], 1969, und die „Theorie der Praxis" von Pierre Bourdieu[6], 1972) noch keine Rolle. Das hatte sicher damit zu tun, dass damals die zunehmende maschinelle Automatisierung von Fertigungsprozessen vor allem in Bezug auf die Arbeitsplatzverluste und noch nicht in Bezug auf die gleichwohl schon „erfundene" KI analysiert wurde. Die inzwischen eingetretene umfassende Digitalisierung in allen Lebens- und Produktionsbereichen wirft das Problem der *digitalen Konstruktion* von Wirklichkeit als Problem auf.

Die individuelle und gesellschaftliche Konstruktion von Wirklichkeit hängt eng mit Formen und Methoden der Wahrnehmung von Wirklichkeit sowie von Wissen über die Wirklichkeit zusammen. Berger und Luckmann bauten ihre wissenssoziologische Theorie auf der grundlegenden Situation der Evidenz auf. Es geht um Alltagswissen, mit dessen Hilfe eine durchlebte Alltagssituation verifiziert werden kann oder, umgekehrt, Alltagswissen als falsch oder unzureichend modifiziert werden muss. Die grundlegende Instanz ist dabei zunächst einmal der konkrete einzelne Mensch, der seine Sinne einsetzt: das Sehen, das Hören, das Tasten, ggf. das Riechen. Es handelt sich, wohlgemerkt, hierbei nur um die Ausgangssituation oder Basissituation der sozialen Konstruktion von Wirklichkeit.

Eine weitere Basissituation der sozialen Konstruktion von Wirklichkeit sind z. B. Institutionen, für die es zeremonielle „Orte" und später in der Geschichte feste Orte in Gestalt von Gebäuden gibt. Eine Institution ist daher bildlich repräsentier- und identifizierbar in meinem Kopf durch den festen Ort und seine Gestaltung. Je mehr Aufgaben der betreffenden Institution aber digital erledigt werden, und dies wie derzeit immer öfter aus einem privaten Homeoffice heraus, desto lockerer wird die Verbindung zwischen sozialer Konstruktion und materieller Präsenz der Institution, die aus einer gesellschaftlichen Konstruktion hervorgegangen ist. Server und Serverfarmen werden dagegen wichtiger, diese werden aber für viel Verschiedenes benutzt und haben keine enge Bindung an eine einzelne Person, eine einzelne Institution oder einen Staat. Die

---

3   Berger/Luckmann (1966).
4   Agger et al. (1964).
5   Foucault (1969).
6   Bourdieu (1972).

personalisierte Verbindung, soweit sie materielle Aspekte beinhaltet, erfolgt über den Bildschirm und die Webseite, die häufig nicht viel anders aussieht als Hunderte andere auch.

Soziologisch betrachtet sind alle Institutionen Produkte sozialer Konstruktion. Die Architektur bemühte sich, den Charakter der Institution baulich erkennbar werden zu lassen. So wie sich inzwischen die unterschiedlichsten Webseiten für unterschiedlichste Anlässe aufgrund der üblichen und rationellen Modulbauweise sehr ähneln, ähnelt sich die Architektur heute. Der Bau macht nicht mehr zwingend sichtbar, dass ich vor einer staatlichen Verwaltung stehe und nicht vor einem Firmengebäude. Die visuellen digitalen und real-materiellen Erscheinungsformen von Institutionen unterscheiden sich immer weniger von einander insoweit sie immer austauschbarer werden.

Das gilt weniger oder gar nicht für religiöse Gebäude: Synagoge, Kirche, Moschee, Tempel (in verschiedenen Religionen gebräuchlich) etc. sind nach wie vor als solche sofort zu erkennen. Religionen nutzen Digitalität, aber sie behaupten das, was sie ausmacht, wofür sie da sind, gegenüber der Digitalität.

Digitale Medien decken ein sehr weites Spektrum ab, das von der Wissenschaft über Kunst- und Kulturbetrieb, Wirtschaft, Politik, Spiele (Computerspiele) bis hin zu den Sozialen Medien reicht. Viele digitale Techniken, die im Privatbereich (Haushalt), in der industriellen und landwirtschaftlichen Produktion, in Fahrzeugen oder in der Wettervorhersage, um nur ein paar Beispiele zu nennen, zum Einsatz kommen, beruhen auf der Konstruktion einer spezifischen Wirklichkeit. Es wird, ausgehend von der fundamentalen Bedeutung von Algorithmen, von der „rechnerischen Konstruktion der Wirklichkeit" gesprochen.[7] Hierin liegt ein bezeichnender Unterschied zu bisherigen menschlichen Konstruktionsverfahren, die *ursprünglich* auf der Basissituation des Vis-à-vis und des unmittelbaren Gebrauchs der Sinne aufbauten. Ein (inzwischen historisches) Beispiel: Dass es den Exoplaneten Kepler 90i gibt, dass er real ist, weiß man nur aufgrund der Auswertung mittels KI (von Google) von 14 Milliarden Daten des früheren Weltraumteleskops Kepler[8], dem Vorgänger des jetzigen James-Webb-Weltraumteleskops. Seine Realität ist, jedenfalls bisher, rein rechnerisch belegt.

Algorithmen wählen nach bestimmten Vorgaben im gegebenen Datenbestand aus. Was wir präsentiert bekommen, stellt eine Auswahl dar – Felix Stalder nennt das „durch Algorithmen generierte Ordnungen"[9] –, deren Kriterien wie bei Suchmaschinen oder Facebook oder anderen digitalen Diensten nicht offenliegen. Bis zu einem gewissen Grad werden wir dadurch manipuliert. Unser Bild von der Wirklichkeit ist manipuliert: „Von Algorithmen erstellte Ordnungen werden immer stärker darauf ausgerichtet, dem individuellen Nutzer seine eigene, singuläre Welt zu schaffen."[10] Einer

---

7   Grundlegend: Mainzer (2014).
8   NASA (2017).
9   Stalder (2016), 164.
10 Ebd., 170.

Bertelsmann-Studie zufolge hat diese Manipulation Auswirkungen auf unsere Wahrnehmung und Interpretation der Wirklichkeit, aber es besteht noch kein Anlass, diese zu dramatisieren, da es sich nur um eine neben vielen anderen Manipulationen unserer Wirklichkeitswahrnehmung handelt, denen wir ausgesetzt sind.[11]

Es fehlt nicht an öffentlicher Aufklärung, dass das so ist. Alles, was ich an Information brauche, um mich vielseitig zu informieren und die Manipulationen der Wirklichkeitsdarstellungen zu erkennen, ist öffentlich zugänglich und wird in der Öffentlichkeit verhandelt. Ich bin und bleibe selber verantwortlich für das, was ich als Wirklichkeit ansehe.

Die „rechnerische Konstruktion von Wirklichkeit" stellt einen Aspekt dar; ein anderer ist die Erfassung von Wirklichkeit, besonders der Mikro-Wirklichkeit, durch Sensoren, Mikrofone und Kameras in einem Umfang, wie es die menschlichen Sinne des Sehens, Hörens und Fühlens nicht können.

Hochauflösende Digitalisierungen in 2D oder 3D von Objekten aller Art können Eigenschaften dieser Objekte zum Vorschein bringen, die vorher mit bloßem Auge oder auch der Lupe nicht erkennbar waren. Das ist vergleichbar dem Röntgen von Organen unter der Haut oder der unteren Schichten auf alten Gemälden. Digitalisierung führt wie das Röntgen, die Computer- oder Magnetresonanztomografie zu einer erweiterten Realität, zu „augmented reality".

Im Allgemeinen wird der Begriff „augmented reality" (AR) nicht so breit verstanden, wie ich es hier tue, aber es dürfte klar sein, dass es nicht nur darum geht, sich z. B. eine AR-Brille aufzusetzen, um die reale Welt mit digitalen Elementen zu „erweitern". Letzteres geschieht ebenso im Fall der hochauflösenden Digitalisierung, die mittels des Bildschirms – oder mittels AR-Brille, in die die Daten eingespielt werden – real Vorhandenes sichtbar macht, das ich ohne diese digitale Unterstützung nicht sehen könnte.

Diese Basissituation von erweiterter Realität eröffnet gleichwohl den Blick auf potenziell unerschöpfliche neue Welten des Wissens. Sie eröffnet auch den Blick auf die simultane Visualisierung von Wissen und Wirklichkeiten, die nur die digitale Technik erlaubt.

All dies verändert in der historischen Rückschau unsere Wirklichkeitswahrnehmung, weil die Digitalisierung und die digitale Visualisierung unsere Sinneswahrnehmung von der Notwendigkeit des Vis-à-vis und des unmittelbaren Sehens – und sei es mit einer Sehhilfe wie dem Fernrohr, über das sich seinerzeit Galileo Galilei (1564–1641) epistemologische Gedanken machte[12] – befreien. An welchem konkreten Ort sich die reale Welt befindet, wird weniger wichtig, weil sie digital auf dem Bildschirm („Bildschirm" wird hier pars pro toto verwendet) beliebig zusammengeführt werden kann.

---

11 Lischka/Stöcker (2017).
12 Vgl. – nicht nur zu Galilei: Welle (2009).

Diese digitale Zusammenführung am Bildschirm stellt auch etwas anderes dar, als die Repräsentation bzw. Vergegenwärtigung jener Teile der realen Welt, die uns nicht physisch gleichzeitig zugänglich sind, durch Zeichen- und Symbolsysteme wie Sprache, Schrift, Darstellungstechniken der Bildenden Künste usw.

Die digitale Zusammenführung stellt außerdem nur eine Möglichkeit dar, kein Muss. Auf den Bildschirm kommt nur eine Auswahl aus der digitalisierten/digitalen Wirklichkeit. Die Auswahl erledigen häufig Algorithmen. Objektiv gesehen ist kein einzelner Mensch in der Lage, die theoretisch verfügbare totale Wirklichkeit wahrzunehmen und zu erfassen. Die Totalität nutzt eigentlich nichts. Zwar folgt die Wirklichkeitswahrnehmung in der nichtdigitalen Welt ebenfalls dem Auswahlprinzip, aber insoweit sie einen situativen und für meine Person nach wie vor physisch erfahrbaren Kontext darstellt, bin ich ihr bis zu einem gewissen Grad ausgeliefert. Ich kann sie nicht wegklicken wie, im Gegensatz dazu, das, was ich auf den Bildschirm geholt habe.

Das kann ich zwar wegklicken, aber immer öfter muss ich einsehen, dass das keine sinnvolle Aktion ist: Je mehr Digitalität sich durchsetzt, desto mehr Anteil hat diese an meiner alltäglichen Lebenswelt und desto wichtiger wird der Bildschirm als Interface. Ich bin dem durchaus ausgeliefert.

Die Grenze zur digitalen Fiktionalisierung von Wirklichkeit, wie sie in den globalen Blockbuster-Klassikern wie Jurassic World, Star Wars, Godzilla oder Avatar praktiziert wird, ist im Übrigen äußerst unscharf. Man muss lernen, wo sich die Grenze zwischen realer erweiterter Realität und fiktionalisierter erweiterter Realität befindet. Das dürfte in Zukunft noch schwieriger werden angesichts der Möglichkeiten, Texte mittels Klick in ein KI-generiertes Video umzuwandeln bzw. ein Stichwort wie beispielsweise „Freiheit" zu geben, auf das hin ebenfalls per Klick ein Video erstellt wird, das dir anhand eher stereotyper Bilder und Situationen erläutert, was im Lebensalltag „Freiheit" ausmachen kann.[13]

Noch eine Frage stellt sich: Ist der Soldat, der die bewaffnete Drohne steuert und am Bildschirm oder mittels AR-Brille beim Zerstören und Töten solange zuschaut, bis die Drohne selbst zerstört ist, noch in der Lage, zwischen digitaler Fiktionalisierung und tatsächlichem Geschehen jederzeit zu unterscheiden, da er nicht am Ort selber ist, kein Gewehr anlegt, keine Granate wirft, keine Kanone, an der er real und im Dreck steht, abfeuert? Oder wird der Ausschnitt des Kriegs, an dem er beteiligt ist, zum Videospiel jenseits der physischen Wirklichkeit? Ein Film wie „Good Kill" (2014)[14] zeichnete die vielen Facetten der Problemstellung nach, doch gab er nur individuelle Antworten. Der massive Drohneneinsatz im Krieg der Russischen Föderation gegen die Ukraine macht die Situation des Soldaten, der die Drohne steuert und das Geschehen am Bildschirm verfolgt, von der Ausnahme zur Regel. Zugleich

---

13 Gängige Videogeneratoren: kapwing.com; veed.io; canva.com; invideo.io.
14 „Good Kill – Tod aus der Luft" (2014).

bleibt die Situation viel „realer" als im Film, weil sich die Soldaten nahe an der Front befinden und nicht in einem Steuerungszentrum auf einem anderen Kontinent. Die Wirklichkeitswahrnehmung bleibt in diesem Fall an die sinnlich erfahrbare Realität weitgehend gebunden.

Historisch betrachtet befinden wir uns bezüglich der Wirklichkeitswahrnehmung und -konstruktion in einer Transitionsphase. Der Unterschied im Verhältnis zu den bisherigen Voraussetzungen, unter denen die soziale Konstruktion von Wirklichkeit der konkurrenzlos einzige Weg der Wirklichkeitskonstruktion gewesen ist, besteht in der Kombination von Digitalisierung, erweiterter Realität und KI.

Damit ist eine so umfassende Realitätserfassung und vielfach Archivierung verbunden, dass sie eine bisherige Grundvoraussetzung sozialer Wirklichkeitskonstruktion offenbar außer Kraft setzt oder dies über kurz oder lang tun wird: Der geschützte Raum der Privatheit schmilzt dahin, auch die Funktionen des Nichtwissens, des kleinen Geheimnisses sowie des Vergessens[15] für die soziale Konstruktion von Wirklichkeit werden annulliert.

Digitale Kameras, beispielsweise, können für ganz unterschiedliche Zwecke genutzt werden, unter denen „Big Brother" nur ein einzelner denkbarer Zweck ist. Wichtiger ist, dass die Erfassung der Wirklichkeit hier immer weniger weiße Flecken hat, zumal noch hinzukommt, was am Beispiel des Exoplaneten Kepler90i evoziert wurde: Gesehen hat ihn bisher niemand, auch das ehemalige Kepler-Teleskop hat ihn nicht „gesehen", trotzdem ist er Wirklichkeit, da er sich aus empirisch erhobenen Daten errechnen lässt. Dieses Verfahren wird in vielen Zusammenhängen eingesetzt. Das heißt, was wir bisher als Wirklichkeit empfunden haben, wird durch eine Wirklichkeit ersetzt, die potenziell keine weißen Flecken mehr hat, die in diesem Sinn „total" ist. Diese Totalität war bisher in der Geschichte nicht möglich und auch nicht vorstellbar, deshalb hatte Totalität keine Relevanz für die gesellschaftliche Konstruktion der Wirklichkeit. Jetzt wird sie greifbar. Diese Totalität hat eine unheimliche Eigenschaft: Sinnlich ist sie nur bruchstückhaft erfassbar, sie ist nur mittels digitaler Geräte und KI erfass- und darstellbar. Noch gilt auch das nur im Sinne von bruchstückhaft.

Habe ich nun kein geeignetes digitales Gerät oder kann ich es nicht so umfassend nutzen, wie ich es müsste, um an der digitalen Wirklichkeit teilhaben zu können, werde ich von anderen, die das zur Verfügung haben, abgehängt und möglicherweise isoliert. In dieser Lage kann ich nicht mehr an gesellschaftlichen Konstruktionsprozessen teilnehmen.

Die mittels digitaler Technologie errechnete Realität, die erst durch digitale Visualisierung „sichtbar" wird, hat eine riesige „Ausdehnung". Sie wird nicht mehr „konstruiert", sondern – eben – errechnet. Das verändert die Beziehung des Menschen zur

---

15   Marie-Theres Tinnefeld hat sich mehrfach mit der Funktion des „Vergessens"(auch in Bezug auf das Internet) auseinandergesetzt. Vgl. zuletzt: Tinnefeld (2024).

sogenannten „Realität". Vielfach muss ich sie „glauben" und mich blind auf die Berechnungen verlassen.

Es gibt weitere Konsequenzen: Es werden nicht nur die weißen Flecken aus der Wahrnehmung von Realität verschwinden, es wird nicht nur die Realität erweitert werden können durch Rechenoperationen und „augmented reality" im engeren herkömmlichen Wortsinn, sondern Realität wird dem Einzelnen, trotz aller oben genannten Beschränkungen, in einem nie dagewesenen Umfang zugänglich sein und in einem nie dagewesenen Umfang Handlungs- und Interaktionsoptionen sowie Interpretationsoptionen eröffnen.

Man kann annehmen, dass dies der Autonomie des Einzelnen zugutekommt. Aber was kommt damit auf uns alle zu? Können wir eine solche totale Realität noch bewältigen? Nein, denn dafür ist der Mensch nicht eingerichtet. Werden wir überfordert sein? Ja, wir sind es jetzt schon. Die „Lösung" besteht in der Anwendung von Algorithmen, die die Myriaden von Details der digitalen Wirklichkeit nach bestimmten Gesichtspunkten auswerten und uns diese Auswertungen zur Verfügung stellen. Dadurch wird unsere Distanz zur Realität aber nur größer, die Möglichkeit, diese zu begreifen, theoretisch, philosophisch, ethisch und moralisch zu durchdringen, verringert sich. Am Ende arbeiten wir erst recht mit Stereotypen und Vorurteilen, um die Komplexität für unseren Wahrnehmungs- und Verarbeitungsapparat ausreichend zu reduzieren. Das macht uns paradoxerweise unfrei.

Bisher waren soziale Konstruktion von Wirklichkeit und Gesellschaftsentwicklung ein verschränkter Prozess. Wird das so bleiben? Wird die *Autonom*isierung des Einzelnen zur *Atom*isierung der Lebenswelt führen? Was nicht nur die Reduktion oder das Ende von Gesellschaft, sondern auch von Staat und kollektiven Identitäten bedeuten würde. Diese Gefahr besteht, wird aber wahrscheinlich durch den vermehrten Gebrauch von komplexitätsreduzierenden Vorurteilen und Stereotypen eingegrenzt werden. Weder das eine noch das andere stellt eine erfreuliche Aussicht dar. So gesehen setzt die digitale Konstruktion von Wirklichkeit derzeit nur die schon bekannten komplexitätsreduzierenden Verfahren fort.

Die Ethik des Human(itar)ismus kann im vorliegenden Fall Orientierung bieten. Die Menschenbildung bedarf unter den Bedingungen der Digitalität eines massiven Schubs. Das Recht auf Teilhabe in vollem Umfang an der digitalen Welt, nicht zuletzt an der digitalen Konstruktion von Wirklichkeit, erweist sich als Überlebensrecht, mithin als Menschenrecht. Wenn eine Gesellschaft es zuließe, dass nicht alle Mitglieder in den Prozessen der digitalen Konstruktion der Wirklichkeit mitgenommen werden, würde sie der Menschenwürde unter den Bedingungen des Digitalen Zeitalters teilweise die Grundlage entziehen.

An der Wirklichkeitskonstruktion teilzuhaben, war bisher für Menschen etwas Gegebenes. Unter den Bedingungen der Digitalität ist es das nicht mehr. Es besteht die Gefahr, dass die beschriebene digitale Konstruktion/Errechnung der Wirklichkeit nur mehr von einer „digitalen Elite" bewerkstelligt wird. Hierauf muss der Di-

gitale Human(itar)ismus sein Augenmerk richten und den Maßstab von Menschenbildung, Menschenwürde und Menschenrecht in den Mittelpunkt der Diskussion
rücken.

11   Digitale Archivierungen

Am Kulturerbe und an darauf bezogenen Aktivitäten teilzuhaben, erweist sich im Kontext der digitalen Konstruktion von Wirklichkeit als relevant. Das globale Kulturerbe lässt sich *bisher* und vorerst als Ergebnis historischer gesellschaftlicher – und kaum digitaler – Konstruktionsprozesse der Wirklichkeit einordnen. Das Gewicht, das in unserer Zeit dem Kulturerbe und den Aktivitäten damit zukommt, ist interpretierbar als ein Gegengewicht zur digitalen Konstruktion, selbst wenn das Kulturerbe durch Digitalisierung oder genuine Digitalität in die Sphäre der digitalen Wirklichkeitskonstruktion hineinreicht. Zuerst aber wird es zum digitalen Archiv, das der Verflüssigung der Lebenswelt entgegentritt.[1]

Ulrich Beck und Elisabeth Beck-Gernsheim[2], Richard Sennett[3], Zygmunt Bauman[4] oder Paul Virilio[5] und viele andere haben sich schon vor zwanzig und dreißig Jahren mit Verflüssigungs- und Beschleunigungsphänomenen im Hinblick auf ihre Auswirkungen auf Gesellschaft und Lebenswelt auseinandergesetzt. In diesem Zusammenhang sind Internet und Web nicht nur eine Metapher auf die flüssige Moderne, sondern sie sind ein wichtiger Teil dieser Moderne, sie treiben Verflüssigungen voran. Sie sind das Medium der Verflüssigung. Zuallererst sind es auch diese beiden, die einen Zusammenhang zwischen Kulturerbe im Sinne eines umfassenden, vielfach schon digitalisierten Archivs, und Verflüssigung herstellen. Im Folgenden setze ich „Archiv" als den Dachbegriff und platziere „Kulturerbe" unter dieses Dach.

Der „flexible Mensch" ist Ausdruck der flüssigen Moderne. Im Vergleich zu früheren Epochen verliert sein privates und berufliches Leben zunehmend an Struktur. Eine Identität aufzubauen, wie sie uns idealtypisch im Bildungsroman des 18. und 19. Jahrhunderts vorgeführt wurde, die zugleich ein autobiografisches Archiv, jederzeit für uns selber, aber auch für die Anderen abrufbar, darstellt, wird schwieriger. Hier greifen

---

1   Der nachfolgende Text stellt einen überarbeiteten Auszug dar aus: Schmale (2011).
2   Beck/Beck-Gernsheim (1994).
3   Sennett (1998).
4   Bauman (2000).
5   Virilio (1994).

Internet und Web ein und outen sich als Archivierer par excellence. Es ist müßig, all die Spuren aufzuzählen, die wir bei einer x-beliebigen Nutzung des Internets und beim Aufrufen von Webseiten hinterlassen. Für die Internetbenutzer*innen werden digitale Identitäten angelegt, die anderen, aber nicht den Nutzer*innen selbst, gehören.

Das gilt grundsätzlich für weitere digitale Archive, die z. B. Verwaltungen anlegen. Die öffentliche Debatte hat die Fragwürdigkeit solcher Datenbanken und ihre Fehlleistungen hinsichtlich Datensicherheit und Datenschutz freigelegt. Doch: Je flexibler und damit unbeständiger die berufliche Lebenswelt eines Menschen wird, desto mehr digitale Archive werden angelegt, um Tätigkeiten und Verhaltensweisen zu dokumentieren und dem Flüssigen eine digitale Archividentität entgegenzustellen, die dem Zugriff des betroffenen Individuums freilich ganz oder teilweise entzogen ist.

Hinzukommen die digitalen Archive, die man nicht mehr selber löschen kann. Man kann es verlangen, aber nur in Bezug auf einzelne konkrete Archivierungen. Dies bedeutet eine digitale Archividentität. „Zusammengenommen" sind diese diversen Archive, zu denen noch jenes zu rechnen wäre, das jeder Computer für seine*n Nutzer*in anlegt, zersplittert, sie bieten ein polymorphes Bild. Sie wirken trotzdem auf das Individuum zurück: Soweit die digitalen Archive im Web öffentlich zugänglich sind, kann der Personalchef den Bewerber*innen eben diese Identität vorhalten, die dem Selbstbild womöglich widerspricht. Hier wird, mittels des Archivs, das Polymorphe heutiger individueller Identität sichtbar.

Polymorphe Identitäten werden aber nicht akzeptiert, bestimmte Debatten wollen nur eine essentialistisch gedachte Identität zulassen. Das sind zwar nicht die Begriffe, die Eva Menasse[6] verwendet, aber sie verweist darauf, dass im Kunst- und Kulturbereich inzwischen das Internet, speziell Soziale Medien, danach durchsucht werden, ob eine einzuladende Persönlichkeit irgendwann mal etwas gesagt oder geschrieben hat, was (zumindest im Moment) als rassistisch, antisemitisch oder anders charakterisiert werden könnte. Es geht nicht darum, ob das objektiv zutrifft oder nicht, sondern um eine Bewertung in einer bestimmten Konstellation des Jahres 2024 oder 2023 oder 2022, die sich den Umstand, dass „das Internet nicht vergisst", zunutze macht. Es liegt in der Logik des Digitalen, dass verschiedene Zeitebenen in Bezug auf das Leben der Menschen irrelevant werden, obwohl sie weiterhin Relevanz beanspruchen müssen. Kein Mensch bleibt sein Leben lang derselbe.

An all dem hängen weitere Probleme, etwa das der Meinungsfreiheit, der nicht nur autoritäre Staaten enge Grenzen ziehen, sondern auch einzelne gesellschaftliche Gruppen und sogar in der Öffentlichkeit einflussreiche Individuen, die bestimmen, welche Meinung frei geäußert werden darf und welche nicht. Menasse sieht vor allem bei den digitalen Sozialen Medien und der Art und Weise, wie sie funktionieren, ein Zerstörungswerk vor sich gehen, bei dem das Nicht-Vergessen des Internet eine wichtige Rolle spielt.

---

6   Menasse (2023), passim.

Und weiter: Einerseits macht die Entarchivierung des Körpers mittels Ersatzteil- und Schönheitschirurgie Fortschritte: Der Körper archiviert, was ihm zustößt und vergisst nicht; werden die betroffenen Körperteile ersetzt, geht ein Teil des Körperarchivs verloren. Andererseits werden Archive über diesen Körper angelegt. Es geht um ein digitales Archiv in Gestalt einer E-Card, deren Chip die Gesundheits- bzw. Krankengeschichte enthält oder den Zugang zum Server, wo diese ‚abgelegt' ist, freigibt. Je mehr dazu auf einmal im Zusammenhang abgerufen werden kann, desto größer ist die Erfolgsaussicht nicht nur lebenserhaltender sondern auch lebensverlängernder Eingriffe. Das digitale außerkörperliche Archiv über den Körper tritt in Wettbewerb mit dem biologischen Körperarchiv.

Die Tendenz, der flüssigen Moderne immer mehr Archive entgegenzustellen, lässt sich darüber hinaus an der großen Zahl gedruckter (bis Anfang der 2000er Jahre) und natürlich digitaler Enzyklopädien/Nachschlagewerke ablesen. Wiederum sehen wir uns einem Paradoxon gegenüber: Das Medium des Flüssigen schlechthin, das Web, wartet mit digitalen Enzyklopädien/Nachschlagewerken solchen Umfangs auf, wie er noch nie in der Geschichte der Menschheit erreicht worden ist. Das Web stellt ein Archiv des Wissens und der Informationen dar, die fortlaufende Automatisierung semantischer Verknüpfungen und des automatischen Erkennens semantischer Zusammenhänge baut den Archivcharakter aus. Der Einsatz von Chatbots wie ChatGPT erhöht die Nutzbarkeit und damit Präsenz dieser Archive. Das Web als solches ist, unbeschadet der Archivierung im Internet Archive, selber ein lebendes Archiv, das seinen Archivcharakter vor allem in der Konfrontation mit der flüssigen Moderne offenbart.[7]

Das institutionelle Archiv, das sich in einem Gebäude befindet, an dessen Eingang der Name des Archivs und der Trägerinstitution zu lesen ist, wird mittlerweile ebenfalls durch Digitalisierung in Maßen verflüssigt. Die Digitalisierung von Quellen und deren Open-Access-Stellung ermöglicht den Nutzer*innen, am Bildschirm mit wenigen Klicks Quellen unterschiedlichster Provenienz und unterschiedlichster Kategorien zusammenzubringen. Es ermöglicht ihnen, im individuellen und daher zumeist kleineren und einfacheren Maßstab etwas zu tun, was mit hohem Aufwand, ausgefeilter Technik und viel Knowhow die Seiten World Digital Library[8] und Europeana[9] auch tun: Virtuelle, globale oder großräumige (z. B. Europa) Archive zusammenzustellen, die zum Thema oder Suchwort unterschiedlichste Quellentypen (als digitale Objekte) unterschiedlichster Provenienz und Zeiten ausweisen. Natürlich war dasselbe auch früher ohne digitale Medien und Techniken machbar, aber es war ungleich aufwändiger und quantitativ viel begrenzter. Aby M. Warburg (1866–1929)

---

7   Es lässt sich einwenden, dass Webseiten nicht mehr weitergeführt oder abgeschaltet werden, außerdem hat (fast) jede Webseite eine Versionsgeschichte. Dass das wie in einem herkömmlichen Archiv aufbewahrt wird, darum kümmert sich das Internet Archive. Wie herkömmliche Archive weist es Lücken auf.
8   https://www.loc.gov/collections/world-digital-library/about-this-collection/.
9   https://www.europeana.eu/de.

würde für seinen Mnemosyne-Atlas heutzutage nicht vier Jahre[10], sondern maximal vier Wochen am Bildschirm und im Web benötigen. Arbeitsprozesse werden Dank der Digitalisierung von Quellen beschleunigt und verflüssigt. Die Digitalisierung des traditionellen institutionellen Archivs arbeitet der flüssigen Moderne zu, während, um diese zu entschleunigen, ihren Fluss zäher zu machen, neue digitale Archive entstehen.

Wie sind diese Vorgänge im Kontext der digitalen Konstruktion der Wirklichkeit einzuordnen? Archive, egal ob digital oder nicht, dienen, abgesehen von der Konservierung der materiellen Objekte und/oder deren Digitalisierung, der Vergangenheitskonstruktion, die zum Verständnis der Gegenwart und zumindest der nahen Zukunft beiträgt. Sie sind Teil des Kulturerbes, dessen Bedeutung und aktive Nutzung ständig zunimmt. Es scheint so, als würde der digitalen Konstruktion von Wirklichkeit und der allgegenwärtigen, nicht nur digitalen, Verflüssigung überall das Gigatonnengewicht des Kulturerbes entgegengestellt. Es ist mit den Händen greifbar, wenn es nicht digital ist, und wenn es digital(isiert) ist, dann ist es am Bildschirm auf derselben Fläche präsent wie alles andere Digitale. Es ist *präsent* wie alles andere in dem Moment, in dem ich es auf den Bildschirm hole.

---

10 Warburg arbeitete an dem Atlas in den letzten Lebensjahren, starb aber vor Fertigstellung.

12   Digitale Konstruktionen des Kulturerbes

Das Kulturerbe übernimmt im Digitalzeitalter die Funktionsstelle der ehemals gesellschaftlich konstruierten Wirklichkeit, es bezeugt, dass es diese einmal gegeben hat. Gemeinschaftlichen digitalen Aktivitäten in Bezug auf das Kulturerbe kommt daher große Bedeutung zu.

Digitale Medien erlauben eine große Vielfalt, einen ausgesprochenen Ideenreichtum und viel Kreativität, wenn es darum geht, an etwas teilzuhaben, eine „Gemeinde" zu bilden, die physische und digitale Aktivitäten miteinander kombiniert. Die „Gemeinde" ist nicht mit „Gesellschaft" gleichzusetzen, dafür ist sie zu klein. Die digitalen Medien erlauben eine aktive Aneignung z. B. von kulturellem Erbe, auch dann, wenn ich zunächst einmal nur Betrachter*in oder Besucher*in bin.[1] Es handelt sich um ein Feld, das den digitalen Human(itar)ismus unterstützen kann. Ich hebe diesen Aspekt hervor, zugleich sehe ich hier eine konzeptuelle Brücke zu Felix Stalders Schlüsselbegriffen „Referentialität" und „Gemeinschaftlichkeit".

Hinsichtlich Benutzbarkeit sind digitale Medien meistens niederschwellig, sie erleichtern gemeinsames Tun und tragen ohne besonderen Aufwand dazu bei, dass das gemeinsame Tun nachhaltige Effekte haben kann. Werden diese Eigenschaften konsequent in Bezug auf kulturelles Erbe genutzt, wird ein Erfahrungsraum geschaffen, der es Menschen mit und ohne spezielle Vorbildung ermöglicht, vergleichsweise intensive Beziehungen, in denen sich Wissen und Emotion verbindet, zwischen kulturellem Erbe und sich selber aufzubauen. Zugleich lassen sich damit spielerische Gestaltungselemente verbinden, die wiederum Menschen, die sich sonst vielleicht weniger mit kulturellem Erbe befassen, ansprechen können.

Es ist ein geflügeltes Wort geworden, dass „digitale Daten der Rohstoff der Zukunft sind". Dem möchte ich gerne zur Seite stellen, dass auch kulturelles Erbe zu den Rohstoffen der Zukunft zählt. Beides überschneidet sich ohnehin, da die Digitalisierung des kulturellen Erbes schnell voranschreitet und aus den digitalen Kulturerbedaten jede*r Nutzen ziehen kann.

---

1   Dieses Kapitel beruht auf Schmale (2018b). Der Text wurde überarbeitet.

Dass die Verwertung des kulturellen Erbes ökonomisch immer mehr ins Gewicht fällt, soll nur festgestellt werden. Rund um das kulturelle Erbe entstehen weitere Wertschöpfungen, die mit Lebensqualität zu tun haben. Letztere ist nicht nur eine Frage wirtschaftlichen Wohlstands, sondern betrifft auch, inwieweit man sich in der Umwelt aufgehoben fühlen kann. Dabei spielt das kulturelle Erbe inzwischen eine wichtige Rolle, weil es Teil dessen ist, was die Welt lebenswert macht und weil es Zugänge in andere Länder oder Kulturen ermöglicht. Der Kontakt mit kulturellem Erbe ist längst ein Türöffner geworden, der mich sowohl meine lokale Umgebung wie ein anderes Land neu entdecken lässt. Der Kontakt mit kulturellem Erbe eignet sich bestens als Brücke für neue soziale Beziehungen, Freundschaften und Verbundenheiten. Das funktioniert auf jeder Ebene vom Lokalen bis zum Globalen.

Welcher Art auch immer die Aktivität ist, ob man nur staunen möchte, sich überwältigen lassen möchte, oder selber die Kelle in die Hand nehmen möchte, Kulturerbeaktivitäten tragen zur Entwicklung humaner Qualitäten bei.

Das wird durch digitale Medien unterstützt, weil sie Dinge unabhängig von physischen Räumen sichtbar machen können und weil ihre Nutzung Teil einer sozialen Aktivität werden kann. Partizipation und Teilen, in Bezug auf kulturelles Erbe, beginnt mit einfachen und im Reich der digitalen Medien gewissermaßen längst klassischen Methoden. Dazu zählt so etwas wie die Webseite „https://sharingheritage.de/", die die Vielfalt von Kulturerbeaktivitäten im Europäischen Kulturerbejahr 2018 ausweist. Wenn ich selber an solchen Aktivitäten beteiligt bin, bildet die Seite die virtuelle Gemeinschaft der Kulturerbeaktivist*innen ab, und zwar besser als jedes andere Medium, das immer an eine bestimmte Zeit und an einen physischen Ort gebunden ist.

Ich realisiere, dass ich Teil eines „Wir sind viele!" bin. Und wenn ich die Seite nur aufrufe, um einmal zu schauen, was es gibt, merke ich: „Es sind viele", und zwar nicht nur in Deutschland, denn viele Projekte sind, obgleich es sich beim Beispiel um die deutsche Sharing-Heritage-Seite handelt, transnational angelegt.

Digitale Medien bringen das kulturelle Erbe in den Alltag. Das kann beiläufig geschehen oder organisiert ablaufen. Das Beiläufige kann ein Klicken auf das Like-Symbol in den Sozialen Medien sein, es kann eine eigene Kurznachricht sein. Das Beiläufige soll nicht unterschätzt werden, es trägt zur Präsenz von Aspekten – wie kulturelles Erbe – bei, die früher eines speziellen Aufwands bedurft hätten und wahrscheinlich sozial selektiv gewesen wären. Es ergeben sich Anknüpfungspunkte, die bei irgendeiner anderen Gelegenheit aktiviert werden und dann vielleicht mehr Bedeutung erhalten. Beiläufigkeit führt dazu, dass uns viele Dinge im Grunde schon einmal, und sei es digital virtuell, untergekommen sind und wir etwas abrufen können. Die Masse verfügbarer Informationen steigt an, und damit steigt der Anteil zunächst nur beiläufiger Informationen. Es ist wichtig, dass Informationen aus dem Bereich Kulturerbe Eingang in den beiläufigen Informationsfluss finden.

Darüber hinaus lassen sich mithilfe digitaler Medien unterschiedlichste Stufen oder Intensitätsgrade von Teilhaben oder Tun realisieren. Schon länger gibt es Partizipationsprojekte, die unter dem Dachbegriff des Crowdsourcing[2] zusammengefasst werden können. Über eine interaktive Webseite finden sich einige oder auch viele Interessierte zu einem Kulturerbethema zusammen und tragen zu dessen Aufbereitung und Ausarbeitung bei.

Crowdsourcing nutzt z. B. den Umstand, dass in vielen Familien mehr oder weniger weit zurückreichende fotografische und oft auch autobiografische Dokumente vorhanden sind, die sich z. B. für die Rekonstruktion der Entwicklung lokaler urbaner oder dörflicher Räume nutzen lassen. Es kann sich um eigene Fotos handeln oder ältere Ansichtskarten oder anderes. In Historypin-Projekten[3] wird solches Material genutzt, um virtuell in eine Straßenansicht von heute mittels älterer Fotos oder Ansichtskarten einen früheren Stand urbaner Entwicklung einzuspielen. Das heißt, dass zwei oder noch mehr Zeitebenen vergegenwärtigt werden können, die meinem lebensweltlichen Bezug zur Straße, dem Viertel oder der Örtlichkeit, wo ich wohne, eine gewisse historische Tiefendimension hinzufügen.

Crowdsourcing nutzt aber auch Kompetenzen, die Menschen besitzen, die sich untereinander nicht unbedingt kennen, die verstreut leben, die sich aber für ein Kulturerbethema begeistern können oder sich zumindest dafür interessieren. So können mittels Crowdsourcing, wiederum über eine interaktive Webseite, Transkriptionen von handschriftlichen Dokumenten wie Briefen, deren Zahl die Möglichkeiten einer Einzelperson übersteigt, angefertigt und Open Access zur Verfügung gestellt werden. Oft sind es die Alltagsdimensionen des kulturellen Erbes, die auf diese Weise zum Vorschein gebracht werden.

Die Transkription von Handschriften bedarf oft einer besonderen Expertise. Es kann folglich zu Fehlern kommen, allerdings bilden sich in der Regel bei solchen Aktivitäten Communities, in denen man sich beim Entziffern gegenseitig hilft. KI hat in diesem Feld ebenfalls Einzug gehalten, Anwendungen wie „transkribus"[4] übernehmen die Transkription, müssen aber zuerst an der Handschrift trainiert werden (und sind bisher fehleranfällig).

Spezielle Kompetenzen entstehen im Zusammenhang mit dieser oder jener Sammelleidenschaft. Crowdsourcing nutzt diese Spezialisierungen, die sich auf ein sonst nicht vorhandenes oder verlorenes Sachwissen beziehen. Es gibt nichts, was nicht von irgendjemand bzw. meistens mehreren gesammelt würde. Diesbezügliche translokale Gemeinschaften wurden schon vor der Entwicklung digitaler Medien gebildet, aber letztere ermöglichen die Einspeisung in eine weitere Öffentlichkeit.

Sammelleidenschaften werden gelegentlich von denen, die nicht sammeln, belächelt, aber man muss sich im Klaren sein, dass vieles aus der Alltagskultur, die genauso Teil des kulturellen Erbes ist wie die Trajanssäule in Rom, Notre Dame in Paris oder

---

2   https://methodenpool.salzburgresearch.at/methode/crowd-sourcing/.
3   https://www.historypin.org/en/.
4   https://readcoop.eu/transkribus/.

die „Nachtwache" (1642) von Rembrandt im Rijksmuseum Amsterdam, erst über solche privaten Sammelinitiativen umfassend dokumentiert wird und unser kulturelles Erbe vervollständigt.

In der Regel handelt es sich um Egonetzwerke, das heißt, ein Sammler oder eine Sammlerin präsentiert die eigene Sammlung mit Fotos und Beschriftungen, bietet Tausch- und Kontaktmöglichkeiten an, macht eine Liste mit Links etc. Der Grad der Interaktivität der Seite selber ist somit begrenzt, aber sie eröffnet den Blick in ein globales Netzwerk.

Man kann beliebig nach Sammlungen recherchieren: Jemand sammelt Gummihandschuhe, jemand Schnürsenkel, jemand Weihnachtspapier – ganz zu schweigen von den Klassikern wie Briefmarken, Münzen, Erotika oder Auto- bzw. Eisenbahnmodellen. Manchmal gehen Sammlungen aus einer ehemaligen Produktionsstätte hervor und gelangen in Museen. So wurde eine Sammlung sowjetischer Unterwäsche mehrfach in Museen gezeigt, 2001 in Moskau und Krasnojarsk[5], 2003 im Wiener Volkskundemuseum[6].

Solche in Ausstellungen gezeigten Sammlungen haben längst, nachdem die Ausstellung beendet ist, ein digitales Nachleben, prinzipiell also ein ewiges virtuelles Leben durch die archivierten Webseiten der Museen oder Ausstellungsstätten, Zeitungsartikel, womöglich Leser*innenkommentare. Digitale Medien schaffen eine Verfügbarkeit und Abrufbarkeit – vielleicht nicht der ganzen Sammlung und Ausstellung, aber gewisser wesentlicher Informationen – unabhängig von Ort und Zeit. Die Informationen können beliebig eingebunden werden in andere Kontexte des kulturellen Erbes.

Aber zurück zu Gemeinschaftsaktivitäten. Als Beispiel nehme ich ein ehemaliges Soziales Medium: Twitter, das ca. ein halbes Jahr nach dem Erwerb 2022 durch Elon Musk Mitte 2023 in „X" umbenannt wurde. X ist nicht mehr dasselbe wie Twitter[7], insoweit sind Ausführungen zu Twitter, und eben nicht zu X, Ausführungen über ein inzwischen historisches Soziales Medium. Die Methoden, die sich auf Twitter entwickelt hatten und die zusammengefasst als Microblogging bezeichnet werden können, können im Prinzip auch in anderen Sozialen Medien eingesetzt werden. Von daher lohnt es sich immer noch, darüber zu reflektieren.

Die thematische Zusammengehörigkeit von Tweets wird durch immer denselben Hashtag – z. B. #meineuropa bzw. #myeurope bzw. #moneurope etc. – hergestellt und ausgewiesen. Im Prinzip kann man auch einen entsprechenden Account herstellen, z. B. @meineuropa und sich in den Tweets darauf beziehen. Beides lässt sich kombinieren.

---

5   https://www.zeit.de/2001/22/Glasnost_an_der_Guertellinie/komplettansicht (Artikel vom 23. Mai 2001).

6   https://www.volkskundemuseum.at/koerpergedaechtnis_2003-03-21.

7   Wie viele andere auch, habe ich inzwischen meinen Twitter- bzw. X-Account deaktiviert.

Mit einem einzigen Tweet lassen sich außer dem kurzen Text auch Bilder, Videos, Links verbreiten, dazu können auch mehrere Hashtags und Accounts kommen. Man kann den Tweet liken, retweeten, antworten/reagieren und schließlich individuell an den Absender oder die Absenderin eine Direktnachricht schicken, die nicht öffentlich einsehbar ist.

Diese Form des Microbloggings kann man beliebig kurz oder lang, systematisch oder unsystematisch zu einem bestimmten Hashtag mit einem Kulturerbethema betreiben. Institutionen wie Archive, Museen etc. nutzen dies ebenso wie Individuen, um sich thematisch zu vernetzen und mit leicht verarbeitbaren Informationen zu versorgen, auf dem Laufenden zu halten oder zu unterhalten.

Dabei haben sich spezielle Muster entwickelt wie z. B. „twhistory" (aus: Twitter + History), wo bestimmte Themen aus der Geschichte, mithin aus dem kulturellen Erbe, in einer völlig offenen Community verhandelt werden. Dies geht bis zum Nachspielen (reenactement) von Geschichte auf der Grundlage tatsächlicher historischer Quellen (z. T. auch als #reentweetment bezeichnet).[8]

So könnte man die Entstehung eines Denkmals nachspielen, wenn genug Quellen vorhanden sind und diese von den Teilnehmer*innen ausfindig gemacht wurden. Man kann das dann im Prinzip genau zu den Daten und ggf. sogar Uhrzeiten, nur eben um Jahre versetzt, mittels Microblogging nachspielen. Und zugleich kritisch die einzelnen Phasen kommentieren.

Digitale Soziale Medien stehen wegen der Missbrauchsmöglichkeiten in der Kritik, aber darüber ist nicht zu vergessen, dass sie ihren Beinamen „Sozial" trotzdem zu Recht tragen, sie ermöglichen eben *auch* gemeinschaftliche Aktivitäten, die der Psyche gut tun und, je nach persönlicher Situation, Vereinsamung bis zu einem gewissen Grad entgegen wirken können. Außerdem ist die Gefahr der Geschichtsklitterung bei Gemeinschaftsaktivitäten zum Kulturerbe, wie sie hier oben beschrieben wurden, unter Umständen sogar geringer als in anderen Konstellationen, weil der Kreis der Beteiligten nicht exklusiv gehalten werden kann, da das System Offenheit erzwingt (wie bei X bzw. Twitter).

Freilich werden Soziale Medien oft wie Futterkrippen eingesetzt, wo sich die Nutzer*innen Futter abholen – wie auf YouTube oder anderen Videokanälen. Sie können zwar meistens auch einen (wenn es nottut: empörten) Kommentar hinterlassen und den Like- oder Dislike-Button betätigen, aber dabei handelt es sich nur um eine sehr schwache Form von Interaktivität und gewiss nicht um eine Gemeinschaftsaktivität. Im Wesentlichen wird konsumiert. Das gilt z. B. in Bezug auf das kulturelle Erbe und Geschichte.

Was ins Futter gemischt wurde, weiß man erst, wenn man es verdaut. Es kann sich um Geschichtsklitterung handeln, die Vereinnahmung kulturellen Erbes für nationa-

---

8   Zu #twhistory oder #reentweetment: Vrhovec (2018).

listische Propaganda, die ideologische Instrumentalisierung von Geschichte oder um den Einsatz veralteter Geschichtskonzepte, die dem toxischen Zivilisationskonzept männlicher Hegemonie entsprungen sind. Dem kann nicht viel außer einem kritischen Kommentar entgegengesetzt werden, aber das ändert wenig an der Übermacht des Videos. Darüber hinaus werden Videos, in denen Tiefgang durch Erregtheit ersetzt wird, die suggestiv auf die Konsument*innen wirkt, zuhauf veröffentlicht.

Nun sind YouTube-Videos und ähnliche aus anderen Videoplattformen sehr heterogen. Viele sind didaktisch sehr gut gemacht und intendieren, den Schulunterricht oder das Studium zu ergänzen bzw. zu vertiefen. Zahlreich sind Videos, die komplexe philosophische Werke erklären wie etwa Kants „Kritik der reinen Vernunft" (1781).[9] Solche Videos, die es in mehreren Dutzend Sprachen gibt, erweitern das Wissen um das kulturelle Erbe und die Geschichte und stellen an sich selber kritische und methodische Ansprüche. Dies trägt zu digitalem Humanismus bei, indem kulturelles Erbe, Geschichte und vieles andere niederschwellig und im günstigen Fall auch barrierefrei zugänglich gemacht wird.[10]

Digitale Medien, zu denen beispielsweise auch Wikipedia zählt, tragen zur Globalisierung kulturellen Erbes bei. Ich habe das in meinem Buch zum „digitalen Immanuel Kant" zeigen können, wie Kant durch diese Medien postum zum digitalen Kosmopoliten wird, der eine so starke globale Stellung erreicht hat, dass ihm die zum Teil heftige postkoloniale Kritik nichts anhaben kann. Digitale Medien und digitale Kulturerbekonstruktionen tendieren dazu, jedes Kulturerbe zu globalisieren. Dies trägt sicher zur Verwirklichung von Dekolonialität bei.

---

9   Schmale (2024), Kap. IX: „Die besten Kant Zitate, die Dir im Alltag helfen" (untersucht 1028 YouTube-Videos in 12 Sprachen).
10   „Geschichte" in digitalen Medien, speziell YouTube-Videos, ist zu einem gängigen Forschungsgegenstand geworden. Pars pro toto sei hingewiesen auf: Baur/Trautmannsberger (2023). Die Games Studies sind ein eigenes Feld, auf das ich hier nicht eingehe.

13 Mehr Demokratie durch Digitalität?

Die Globalität der Digitalität bezieht sich längst auch auf das Staatswesen. Verwaltungen werden zunehmend digitalisiert, das „Digitale Amt" nimmt Gestalt an. Soziale Medien spielen für die politische Kommunikation eine zentrale Rolle, Kurznachrichtendienste, darunter speziell X (Twitter), haben phasenweise quasi die Funktion eines offiziellen Verlautbarungskanals übernommen. Die Webseiten von Regierungen und internationalen Organisationen stellen immer mehr Information zur Verfügung und beinhalten inzwischen meistens auch frei zugängliche digitale Archive mit ausgewählten (anders ausgedrückt: mit lückenhaften) Beständen. Wer will, kann sich täglich über das Terminprogramm des französischen Staatspräsidenten durch die Webseite des Elysée-Palastes auf dem Laufenden halten und später die Reden des Präsidenten ebendort nachlesen. Sinngemäß gilt das für die meisten demokratisch regierten Länder und darüber hinaus für internationale Organisationen wie die EU und die UNO – Transparenz durch Information schaffen, geht digital leichter als auf andere Weise. Natürlich kann man auch die geschichtsklitternden Reden Putins, die seine geschichtlichen „Rechtfertigungen" für den Krieg gegen die Ukraine enthalten, auf der präsidialen Kreml-Webseite nachlesen.

Niemand muss mehr zum ausgewählten Kreis derjenigen gehören, die zu einer politischen Veranstaltung persönlich eingeladen werden, sondern kann zumindest die Inhalte digital entweder in Echtzeit mitverfolgen, wenn es ein Streaming gibt, oder nachträglich mit einer kleinen Zeitversetzung lesenderweise rezipieren.

Transparenz entsteht freilich erst, wenn die Bürger*innen die vorhandenen Informationen auch nutzen. Die Digitalisierung eines Staatswesens entfaltet ihren Mehrwert gegenüber der vor-digitalen Zeit dann, wenn sie auf die viel zitierten mündigen Bürger*innen trifft. Es kann nicht oft genug wiederholt werden, dass das Digitalzeitalter – sofern man sich wünscht, dass es zum Wohl der Menschen funktioniert – eine hohe digitale Kompetenz und zudem Aufgeklärtheit im Sinne Immanuel Kants von allen Gesellschaftsmitgliedern verlangt. Das gilt uneingeschränkt ebenso für das Feld der „digitalen Demokratie".

Die Akzeptanz von digitaler Demokratie fällt, global betrachtet, sehr verschieden aus. In der Forschung werden Estland, Norwegen und Island sowie die Schweiz als

Beispiele für eine vergleichsweise starke Akzeptanz hervorgehoben, aber bei genauerem Hinsehen wird schnell klar, dass es auf die jeweilige politische Ebene ankommt und dass sich die Akzeptanz auf die unterschiedlichen Felder der digitalen Demokratie ungleich verteilt. Verallgemeinernde Aussagen sind daher kaum sinnvoll – bis auf diese eine, nämlich dass digitale Demokratie noch zu keiner Revolutionierung der politischen Kultur in den demokratischen Ländern geführt hat. Soweit es die Felder von Kommunikation und Information betrifft, hängen diese auch nicht per se allein an der Form der Demokratie, vielmehr gibt es zahlreiche Überlappungen mit nicht-demokratischen politischen Systemen, solange die staatliche Zensur weder allumfassend noch technisch in der Lage ist, den Zugang zu sämtlichen „unerwünschten" Internetquellen zu verhindern (Stichwort z. B.: VPN). Selbst in China werden den Bürger*innen digitale Optionen zum Agenda-setting eingeräumt, beispielsweise im Bereich der Korruptionsbekämpfung, mit der es den Zentralorganen der KPCh ernst ist und die ohne Beteiligung der Bürger*innen auf der lokalen Ebene nicht funktionieren würde.[1]

Der Begriff „digitale Demokratie" zielt auf ein weites Feld. Prinzipiell kann alles, was formal eine Demokratie ausmacht, digital durchgeführt werden: Wahlen, Referenden, Initiativergreifung (Politik- und Gesetzesvorschläge) und Petitionen, Befragungen und jede Art von Mitbestimmung. Das gilt außerdem für alle Arten von Kommunikation, die der Information im Zusammenhang mit Wahlen, Referenden und Mitbestimmung dient oder die darauf abzielt, Wähler*innen von einer Partei, einem Programm oder allgemeinen politischen Zielen zu überzeugen. Das kann nach dem Sender/Empfänger-Modell ablaufen, das kann aber genauso gut bi-direktional funktionieren.

Im Bereich der Kommunikation kann des weiteren auf Tools verwiesen werden, mit denen man seine eigenen politischen Positionen und Überzeugungen mit z. B. den Parteiprogrammen vergleichen kann, um zu sehen, welcher Partei man im Grunde am nächsten steht (vgl. in Deutschland den Wahl-O-Mat). Es gibt Lernspiele, mit denen politische, legislative und Wahlprozesse gespielt werden können.[2]

Diese Lern- und Bildungsperspektive lässt sich noch erweitern, insoweit im Web zahlreiche Inhalte im Zusammenhang von Demokratie abrufbar sind. Das bezieht sich auf die Geschichte von Demokratie, auf politisch-philosophische Grundlagen, auf einzelne Schriften und Denker*innen, auf die unterschiedlichen praktischen Ausprägungen demokratischer Systeme, und vieles mehr. Die Voraussetzungen für eine bessere Informiertheit über Demokratie sowie andere politische Systeme sind prinzipiell besser als zu früheren Zeiten.

Doch spielen freilich im Feld der Kommunikation und Information bewusste Falschinformation, Manipulation, Verschwörungstheorien, Hassrede und Bedrohungen, kurz: antidemokratische Inhalte, eine teilweise große Rolle. Allerdings hat dies

---

1 Bai (2021).
2 S. bspw. Bundeszentrale für Politische Bildung (https://www.bpb.de/shop/materialien/spiele/) und die Seite „DemokratieWEBstatt" (https://www.demokratiewebstatt.at/spiel-mit/).

nicht genuin mit digitaler Demokratie zu tun, schon gar nicht ursächlich. Es ist aber zu berücksichtigen; zumal es gut durchdachter Strategien und technischer Vorkehrungen bedarf, um die digitale Demokratie vor dem Ausrutschen auf dem digitalen Schlamm zu schützen.

Damit ist digitale Demokratie sehr weit gefasst, es geht über das Entscheiden (decision-making) und das Mitbestimmen (agenda-setting) sowie das Monitoring (monitoring)[3] deutlich hinaus.

Digitale Verfahren stellen eine zusätzliche Option dar, die neben das traditionelle Wählen im Wahllokal oder per Briefwahl oder das Abstimmen bei einem Referendum treten. Dasselbe gilt für die Kommunikation, unabhängig vom konkreten Zweck der Kommunikation. Soziale Medien erleichtern es, sich zu Demonstrationen oder anderen Aktionen zu verabreden. Dies stärkt einesteils die traditionelle Form der politischen Willensbekundung, die eine Demonstration darstellt, zum anderen kann es bei der Implementierung des Demonstrieren-Gehens helfen. Wie so oft, können sich die digitale und die „analoge" Welt gegenseitig unterstützen.

Dieselben Sozialen Medien können es grundsätzlich erleichtern, seriöse Informationen direkt zu den Bürger*innen zu bringen und einen gewissen Austausch beispielsweise zwischen Abgeordneten und Wähler*innen zu gewährleisten. Im Idealfall verbessert das die Verbindlichkeit und das auf Gegenseitigkeit beruhende Gefühl, ernst genommen zu werden.

An die digitale Demokratie werden einige Erwartungen geknüpft, vor allem, dass sie hilft, die vermeintliche oder tatsächliche Krise der Demokratie zu bekämpfen. Bestimmte Erwartungen haben sich bisher nicht erfüllt.[4] Der Einsatz digitaler Technik bringt Bürger*innen und politische Entscheider*innen nicht automatisch näher zusammen und hebt ebenso wenig automatisch das weit verbreitete Gefühl auf, dass Politik an den Bedürfnissen der Bürger*innen vorbei gemacht wird, um eine spezielle Klientel, je nach Partei, zu bedienen bzw. um der Machtfestigung von „Eliten" zu dienen. Es entsteht folglich nicht so ohne weiteres eine besser funktionierende Öffentlichkeit (public sphere). Andererseits stellt sich die Frage, wie eine Öffentlichkeit vom Ausmaß der EU ohne digitale Medien und Kommunikation funktionieren soll.[5]

Die Möglichkeit, elektronisch zu wählen, erhöht nicht automatisch die Wahlbeteiligung, obwohl es doch bequemer und niederschwelliger und außerdem barrierefreier ist. Allein damit werden keine Nicht-Wähler*innen oder junge Menschen, die erstmals wählen dürfen, gewonnen. Viele nicht-digitale Faktoren spielen eine Rolle dabei, ob jemand an einer Wahl teilnimmt oder nicht.

Trotzdem kann die Option, elektronisch zu wählen, die Wahlbeteiligung erhöhen, beispielsweise in einer Partei, einer Gewerkschaft, bei Sozialwahlen, bei Hochschü-

---

3   Zu diesen drei Kategorien vgl. Lindner/Aichholzer (2020), 23; Aichholzer/Rose (2020).
4   Zusammenfassend: Hennen (2020), 2–3.
5   Ausführlich: Hennen (2020).

ler*innenschaftswahlen und so fort. Es ist außerdem anzunehmen, dass elektronisches Wählen attraktiver wird, wenn insgesamt alles, was Ausfluss oder Folge politischer Entscheidungen darstellt, also z. B. die Verwaltung, mit der alle zu tun haben, digitalisiert wird. Wenn ich gewohnheitsmäßig das „Digitale Amt" auf meinem Smartphone benutze, mag es dann wie selbstverständlich sein, elektronisch zu wählen, wenn dies am Smartphone oder heimischen Computer ermöglicht wird.

Roslyn Fuller bespricht in ihrem Überblick zur digitalen Demokratie (2023)[6] ausführlich Beispiele quer durch die Welt, bei denen es um die Mitbestimmung der Bürger*innen auf *kommunaler Ebene* in Bezug auf einen bestimmten prozentualen Anteil des Budgets geht. Wie dieser eingesetzt wird, entscheiden die Bürger*innen, egal, ob online oder offline. Hier hat sich die Option der elektronischen Mitbestimmung bereits bewährt. Fuller sieht einen Vorteil darin, dass sich die Bürger*innen leichter unabhängig machen können von Parteimeinungen oder solchen von gut organisierten NGOs, die letztlich für ihre Sicht auf die Welt werben, aber nicht unbedingt neutral alle Informationen zur Verfügung stellen, die es ermöglichen, sich tatsächlich selber eine Meinung zu bilden. Digitale partizipatorische Verfahren, die es den Teilnehmer*innen ermöglichen, Sachinformationen zum Gegenstand der Abstimmung bzw. Mitbestimmung abzurufen, Kommentare abzugeben und untereinander zu chatten, stärken ggf. diese unabhängige Meinungsbildung, sofern die nötigen elektronischen Vorkehrungen eingebaut worden sind, die Meinungsmanipulationen ausreichend erschweren.

Der Clou der digitalen Demokratie ist im Idealfall der, einerseits die Bürger*innen von Meinungsmanipulationen unabhängiger zu machen und andererseits die Legislativorgane (auf allen Verfassungsebenen) bei der Aufgabe zu unterstützen, der Komplexität der Lebenswelt gerecht zu werden. Ohne die Intelligenz der Vielen geht das nicht mehr.

Dies alles bedarf eines großen Informationsaufwandes. So wurden für das „participatory budgeting" (online/offline), das auch viele Großgemeinden wie Paris, New York, Porto Alegre (Brasilien) etc. vorsehen, eigene Einrichtungen in der Kommunalverwaltung geschaffen, die z. B. die Vorschläge der Bürger*innen für bestimmte Investitionen budgetär berechnen, um eine realistische Abstimmungsgrundlage jenseits politischer Wunschkonzerte (oder solcher von NGOs) zu schaffen. Das hat nichts mit online/offline zu tun, außer, dass es effektiver ist, Information digital zur Verfügung zu stellen, wo sie rund um die Uhr abgerufen, kommentiert, diskutiert, ergänzt, falsifiziert oder bestätigt werden kann. Freilich funktioniert all das nur, wenn Bürger*innen ein Interesse haben, und das muss in ihnen selbst entstehen.

Sachinformation zu jeglichem politischem Problem steht grundsätzlich ausreichend zur Verfügung. Es existieren zahllose Forschungsinstitutionen, deren Forschungser-

---

6   Fuller (2023).

gebnisse zu Migration, zu Kinderarmut, oder jedem anderen Thema, das aktuell politisch verhandelt wird, veröffentlicht sind. Dabei wurde oft schon KI eingesetzt, um aus den vorhandenen großen Datenmengen den größtmöglichen Erkenntnisgewinn zu ziehen bzw. zu analysieren, wo Lücken herrschen, die gesicherte Schlussfolgerungen noch nicht zulassen. Die meisten Parlamente haben wissenschaftliche Dienste, es gibt unabhängige Stiftungen und Think Tanks (die nicht zwingend unabhängig sind). Wissenschaftlich erarbeitetes Wissen ist in Massen vorhanden und kann als Sachinformation digital wesentlich effektiver zu den Bürger*innen im Zusammenhang von Wahlen, Abstimmungen und Mitbestimmungen gebracht werden. Digitale Demokratie im Sinne von elektronischem Wählen, Abstimmen oder Mitbestimmen besteht am allerwenigsten aus dem berühmten Klick hier oder da, analog zum Kreuzchenmachen im Wahl- oder Abstimmungslokal, sondern in der intelligenten Verbindung mit wissenschaftlich gewonnener Sachinformation.

Rund um alle Tools der digitalen Demokratie stellen sich Fragen der Sicherheit, der korrekten Identifizierung, der einfachen Bedienbarkeit, der Funktionalität, des Oberflächendesigns – wie überall und immer, wenn es um digitale Anwendungen geht. Damit haben sich Viele intensiv befasst, Wissen und Kompetenz sind vorhanden.[7]

Summa summarum: Hier eröffnet sich ein Tor für die Verbesserung demokratischer Gemeinwesen. Ganz aufgestoßen ist es nicht, es drängen sich keine Massen von Bürger*innen hindurch.

7　Ebd., Kap. 4–9.

14 Privatheit

„Privatheit" gehört zu den häufigsten Begriffen im semantischen Feld von „Digital-zeitalter". Hier besteht offenbar eine besondere Beziehung, meistens in Gestalt einer Gefährdung. Nirgendwo sonst sind die „Ketten der Digitalität" so offensichtlich zu bemerken wie hier. Der in Ketten gehaltene Mensch besitzt keine Privatheit mehr.

Wir sind nolens volens von Dingen und Maschinen umgeben, die digitale Technik beinhalten, die digitale Inputs benötigen und aufnehmen, die über Datenverbindungen mit anderen Objekten, Smartphones, Computern, Webseiten etc. kommunizieren, die eine eingebaute Kamera verwenden und die Umwelt abbilden bzw. die Kameras zur autonomen Fortbewegung nutzen.[1] Wir können viele Tätigkeiten digital und unter Verwendung digitaler Informationen absolvieren, ohne räumliche Distanzen unter Einsatz von Zeit und physischer Kraft überwinden zu müssen. Wir können Tätigkeiten an Roboter delegieren. Wir können uns unter Selbstbeobachtung stellen, indem wir Selfies machen, eine GoPro an den Schutzhelm schnallen oder uns überhaupt 24 Stunden am Tag selber abfilmen. Wir können uns RFID-Chips/VeriChips implantieren lassen, sodass unser Körper punktuell digital wird; wir können uns unterschiedlichster Hilfsmittel bedienen, mit denen wir in eine sogenannte virtuelle Realität übergleiten. Wir können uns mit all diesem und mittels Sozialer Medien selber aus der Privatsphäre heraus in die digitale Öffentlichkeit katapultieren.

Fast alles kann dabei gehackt, mit anderen Worten: für andere als die eigentlich vorgesehenen Zwecke manipuliert werden. Dies kann tödlich enden, wenn es um Herzschrittmacher und Bordcomputer in Autos geht, es kann individuell oder volks-wirtschaftlich teuer werden, wenn es sich um Erpressung handelt. Es ist die Janusköp-figkeit des Digitalen, die hervorsticht: Vieles ist gedacht, den Alltag zu erleichtern und zu optimieren, kann aber manipuliert werden, sodass genau das Gegenteil eintritt. *Es kann jeden treffen, zumindest indirekt hat es auch schon jeden getroffen.* Dies ist historisch betrachtet eine neue Erfahrung.

---

1 Dieses Kapitel beruht auf: Schmale (2019). Der Text wurde überarbeitet.

Zugleich ermöglicht die digitale Technik jederzeit Kontrolle und Kontrolleingriffe, weil Daten akkumuliert, ausgewertet, verkauft, widerrechtlich ausgespäht werden können. Vor allem die Erstellung digitaler Abbilder scheint unkontrollierte Ausmaße anzunehmen: Überwachungskameras, Drohnen, ferngesteuerte Webcams, Bodycams, Dashcams im Auto – überall agiert irgendjemand mit einer Smartphone-, Tablet- oder sonstigen digitalen Kamera. Satelliten scannen die Erde. Die Bilder werden in Forschung, Militär, geheimdienstlicher Aufklärung oder etwa Google Earth genutzt. Niemand kann mehr wirklich kontrollieren, wo und wie er oder sie aufgenommen wird und wo das Abbild der Person und ggf. ihres privaten Bereichs (Wohnung, Garten, etc.) einmal landet.

So vielfältig diese Aufzählung auch sein mag, es handelt sich dabei nur um die Spitze des Eisbergs: Soziale Medien, digitale Wirtschaft, digitale Wissenschaften, digitale Medizin, digitale Atmosphären- und Weltraumforschung stellen (um auch hier nur einige zu nennen) riesige Anwendungsbereiche digitaler Techniken dar, in denen zudem Big Data generiert werden. Sie ergeben unzählige Auswertungsmöglichkeiten – dies stellt inzwischen einen eigenen Wissenschaftszweig dar: Data Science –, welche wiederum zur Grundlage praktischen Handelns in Politik, Wirtschaft, Alltag und im privaten Bereich werden. Ohne hochauflösende Satellitenbilder und deren informationstechnische Verarbeitung wäre es vielfach gar nicht möglich, die richtigen Maßnahmen zu setzen, um z. B. den Folgen des Klimawandels für den Wald entgegenzuwirken.

Viele der digitalen Techniken und Anwendungsmöglichkeiten werden kritisch im Sinne Orwell'scher Überwachungs- und Kontroll-Szenarien reflektiert. Viele Menschen scheint diese Diskussion im digitalen Zeitalter aber gar nicht (mehr) zu erreichen. Ich konnte keine exakte Zahl finden, wie viele Menschen sich mittlerweile freiwillig RFID-Chips/VeriChips implantieren lassen, um z. B. ohne aufgehalten zu werden in ihre Bar oder in ihren Beach Club eintreten zu können, aber offenbar werden es immer mehr. Ein solcher Chip kann als Schlüssel oder Ticket oder was auch immer dienen und macht viele Aktivitäten sehr bequem. Es ließen sich viele weitere Beispiele anführen, wo die einen „Vorsicht! Noch mehr Überwachung!" rufen und die anderen nicht einmal mehr mit der Schulter zucken.

Wird sich das aus der Aufklärung tradierte Koordinatensystem unter diesen Umständen verflüchtigen? Bestimmte Grundrechte des Individuums, die man unter den Schlüsselbegriffen Datenschutz und Recht auf Privatheit im Sinne des Denksystems der Aufklärung diskutiert hat, würden irrelevant, und zwar nicht, weil die öffentliche Gewalt ihr Machtmonopol missbrauchte, sondern weil das Koordinatensystem ein anderes geworden ist. Machtmissbrauch äußert sich unter diesen Bedingungen eher darin, dass die digitalen Nutzungsmöglichkeiten eingeschränkt oder ganz unterbunden werden, wie dies in China, Iran, Russland (Russische Föderation), der Türkei und anderen Staaten der Fall ist.

Sehen wir uns die Problematik nochmals unter dem Gesichtspunkt von Privatheit in einer längeren historischen Perspektive an.[2] In Bezug auf Europa ist Privatheit spätestens seit der Antike ein fixer Bestandteil der Kultur. Obwohl sich die Vorstellungen davon, was genau Privatheit ist, im Lauf der Zeit immer wieder verändert haben, lassen sich einige Konstanten festhalten.

Privatheit wird (1) immer mit geschützten Räumen verbunden. Es ist das Haus bzw. die Wohnung, und, soweit vorhanden, der Garten. Privatheit wird räumlich materialisiert, auch dann, wenn dies nur sehr eingeschränkt möglich ist. Oft besteht die Materialisierung in einem Möbelstück wie Schrank oder Spind oder auch nur einem Teil davon. Rucksack, Handtasche, Computer, Tablet, Smartphone, Smartwatch etc. sind ebenfalls Materialisierungen von Privatheit, auf die sich der Raumbegriff abgewandelt anwenden lässt. Alle diese Räume genießen einen besonderen Rechtsschutz, der freilich Ausnahmen beinhaltet. Sie sind Räume des Vertrauens – zugleich Räume der immerwährenden Drohung, dass Vertrauen gebrochen werden wird.

Privatheit wird (2) immer von Öffentlichkeit unterschieden. Die Öffentlichkeit hat im Raum der Privatheit nichts zu suchen, und wenn doch, dann nur auf gesetzlicher Grundlage oder aufgrund von in einer mündlichen Gesellschaft geltenden Regeln, die alle kennen und durch die Sozialisation seit Kindesbeinen erlernen. In einer mündlichen Gesellschaft ist die Verbindlichkeit nicht geringer als in einer schriftlichen.

Da sich die Auffassungen davon, was ein geschützter privater Raum bzw. was Öffentlichkeit ist, im Lauf der Geschichte ändern und ohnehin ganz scharfe Grenzziehungen nicht praktizierbar sind, ist Privatheit insgesamt nichts ganz Fixes, sondern Teil ständiger sozialer Aushandlungsprozesse. Dies kann zur Erweiterung der Vorstellung von Privatheit führen – oder zum Gegenteil. Bei aller Flexibilität ist es aber gesellschaftlich immer klar, wenn Privatheit in unzulässiger Weise verletzt wird. Jeder weiß das intuitiv, dazu braucht es keine Lehrbücher. Das gilt auch in Bezug auf das Individuum, das selber z. B. mittels Sozialer Medien seine Privatheit aufhebt.

Die Verletzung geschieht also einerseits durch die Staatsmacht bzw. die, die sie für sich erobert haben und diese entfremden oder missbrauchen, es kann andererseits aber auch im Privaten selber geschehen, da Privatheit in der längsten Zeit der Geschichte Teil von Geschlechterhierarchien gewesen war. Seit der griechischen und römischen Antike handelt es sich um patriarchale sowie seit dem späteren 19. Jahrhundert um hegemonial-männliche Geschlechterhierarchien, die schließlich durch toxisch-männliche Praktiken abgelöst wurden.

Unser Verständnis von herrschaftsfreier Privatheit ist relativ jung, es hängt mit der Demokratisierung und Vermenschenrechtlichung der Gesellschaft nach dem Zweiten Weltkrieg zusammen. Im Digitalzeitalter mag der physische Raum der Privatheit,

---

2   Schmale (2014). Eine gute Problemübersicht bieten: Helm/Seubert (2019).

jedenfalls in größeren Teilen Europas, ein Raum der Freiheit geworden sein, aber digitale Techniken durchziehen ihn mit neuen Herrschaftsformen.

Dass Privatheit individuell gedacht werden kann, ist ebenfalls eher Teil der jüngeren und jüngsten Geschichte, davor ist sie familiär, also durchaus kollektiv bestimmt und dadurch nicht herrschaftsfrei.

Dies wirkte sich historisch einschränkend auf den dritten (3) einigermaßen konstanten Bestandteil von Privatheit aus, nämlich Intimität und Intimsphäre. Heute denken wir dies individuell, auch in Bezug auf Kinder, und ohne Geschlechterhierarchie, aber dies stellt ebenfalls eine rezente Entwicklung dar – die durch die Option der digitalen körperlichen Selbstenblößung (oder Selbstentblößung im übertragenen Wortsinn) schon wieder aufgehoben wird.

Der vierte (4) historisch konstante Aspekt ist im Faktor Zeit zu finden. Privatheit bedeutet Verfügung über die eigene Zeit. Das gilt schon für die Antike, aber bis weit ins 20. Jahrhundert real nur im Rahmen innerfamiliärer Herrschaftsverhältnisse.

Wenn wir heute Privatheit mit Freiheit verbinden, so stellt sich die Frage, wann beide diese Verbindung eingegangen sind. Wenn wir geschlechtsbedingte innerfamiliäre Herrschaftsverhältnisse als freiheitswidrig ausschließen, kommen wir, je nach Land und bürgerlichem Gesetzbuch in die 1970er Jahre oder noch näher an unsere eigene Zeit. Da Privatheit aber immer auch von sozialen bzw. familiären Aushandlungsprozessen abhängt, kann die Verbindung von Freiheit und Privatheit im konkreten Fall sehr viel früher vorkommen.

Dies genauer anzuschauen, lohnt die Mühe, und man erkennt, dass Privatheit nicht nur ein fixer Bestandteil der europäischen Kultur ist – womit nicht gesagt wird, dass dies ein Spezifikum europäischer Kultur sei –, sondern sogar eine kulturtreibende Kraft ist. Soziale (familiäre) Aushandlungsprozesse um Privatheit bringen neue kulturelle Elemente hervor. Aushandlungsprozesse sind oft Konflikte, in denen etwas durchgesetzt wird wie z. B. der Anspruch des Kindes auf Privatheit in der Familie.

Privatheit ist aber auch der vor den Augen der Öffentlichkeit verborgene Raum, in dem Schlimmes geschieht. Dazu gehört – schon immer, muss man präzisieren – sexueller Missbrauch und Vergewaltigung, körperliche und psychische Gewalt, erniedrigende Rituale – dies sind Aspekte insbesondere von toxischer Männlichkeit, aber nicht nur. Soziales Ideal der Privatheit und konkrete Praxis der Privatheit klaffen oft weit auseinander – und dies mag ein Grund sein, warum viele Menschen in unserer Zeit die Bedrohung der Privatheit durch digitale Techniken und Medien eben nicht als eine so starke Bedrohung empfinden, vor der sie sich schützen müssten. Allzu leicht wird die erst durch digitale Techniken erleichterte und extensiv gepushte Kinderpornografie ausgeblendet.

Privatheit im Sinne eines Freiraums nicht zuletzt für die freie Entfaltung der Persönlichkeit, für die die informationelle Selbstbestimmung eine entscheidende Rolle spielt, bedeutet ein wichtiges gesellschaftliches Ideal, einen Grundwert, nach dem sich gesetzliche Normen richten müssen, aber für sehr viele Menschen sieht die Praxis anders aus. Sie haben keine Privatheit aufgrund ihrer miserablen materiellen Verhältnisse oder aufgrund von Praktiken des Missbrauchs von Menschen.

Die digitale Abwicklung von Tätigkeiten aller Art hinterlässt bei jedem einzelnen einen Kometenschweif an Daten, mit denen alles Mögliche angestellt wird. Aus Teilaktivitäten einer Person entsteht so eine digitale Identität. Eine digitale Identität ist immer selektiv. Obwohl die kritische Diskussion in den vergangenen Jahren zu mehr, teils auch gesetzlich verbrieften, Rechten der Nutzer*innen in Bezug auf die von ihnen nolens volens produzierten Daten geführt hat, sind diese nach wie vor nicht wirklich Herr*innen ihrer Daten. Dieser schwache Status besteht aufs Ganze gesehen weniger gegenüber Behörden und der öffentlichen Gewalt als gegenüber kommerziellen Web-Anbietern, und er besteht erst recht, wenn die Daten kriminell gehackt oder missbraucht werden.

Es ist die erzwungene Ahnungslosigkeit der Nutzer*innen, die sie zu Objekten und transparenten Opfern macht. Oft wird die durchaus vorhandene öffentliche Debatte verlogen oder heuchlerisch geführt: Behörden behaupten, sich an Recht und Gesetz zu halten, obwohl fortlaufend genau das Gegenteil entdeckt wird. Global tätige Unternehmen, die das Angebot an Sozialen Medien beherrschen, bequemen sich kaum zu mehr Datenschutz und Transparenz. Oft wird an einer Stelle dem öffentlichen Druck nachgegeben, um einen Imageschaden zu vermeiden, während an anderer Stelle in aller Stille neue Tools zum Datensammeln und -verknüpfen implementiert werden.

Nicht nur der Staat ist der entscheidende und übermächtige Feind, der die Bürger*innen beobachtet, um sie besser beherrschen und unterdrücken zu können. Es gibt viele Feinde, gegebenenfalls ist es sogar der nette Typ aus der Nachbarschaft, der mit digitalen Kleingeräten nach peinlichen Szenen forscht, um sie ins Netz zu stellen. Es ist so einfach geworden, als Privatmensch Macht über vielleicht willkürlich ausgewählte Menschen zu entfalten.

Lässt man Revue passieren, wo überall Daten über jemanden gesammelt werden, wird klar, dass umfassende Profile entstehen, die unsere Interessen, Vorlieben und Gewohnheiten, aber auch unsere Fitness, Kontakte, Kontostände, Einkäufe und Bewegungen etc. beinhalten. Es ist zwar nicht so, dass alle diese Daten automatisch vernetzt sind, aber sie können vernetzt werden, gegebenenfalls unter Umgehung der Gesetze und aus kriminellen Motiven heraus.

Sobald digitale Technik zum Einsatz kommt, entstehen Daten und werden Daten gesammelt, teilweise werden sie unmittelbar an Datensammelstellen gemeldet. Aus der Perspektive des Einzelnen betrachtet heißt dies, dass es stets Mitwisser und vielleicht sogar Beobachter gibt und dass das Tun, mindestens partiell, digital dokumentiert ist. Dieser Umstand trifft ins Mark von Privatheit: Privatheit wird aufgelöst.

So, wie ich das Problem bis hierher dargestellt habe, könnte man den Eindruck gewinnen, hier sei eine quasi dunkle Macht am Werk, der wir etwas schutzlos ausgeliefert sind. Dem ist freilich nur bedingt so, denn vieles geschieht bewusst und freiwillig. Zu nennen wäre etwa die in Sozialen Medien von vielen Nutzer*innen praktizierte

Selbstentblößung. Obwohl deren negative Folgen Gegenstand einer ununterbrochenen kritischen Debatte sind, ist die Gefahr vielen tatsächlich entweder gleichgültig; oder aber viele Nutzer*innen sind trotz der öffentlichen Debatte, trotz Aufklärung in der Schule und diversen Medien naiv; die Warnungen, die allgegenwärtig erscheinen, gehen an ihnen vorbei.

Die einen stört personalisierte Werbung im Netz, die anderen mögen sie sogar. Die einen verbinden freiwillig ihre Sportuhr mit einer App und der Plattform eines Anbieters, vielleicht ihres Krankenversicherers, wegen des Beitragsbonus, die anderen tun das nicht. Die einen nutzen die Schutzvorrichtungen des Browsers und/oder der Suchmaschine umfassend, den anderen sind sie gleichgültig. Die einen posten laufend irgendetwas in sozialen Netzwerken, die anderen sind auf keinem sozialen Netzwerk präsent. Die einen müssen jedes neue digitale Gadget ausprobieren, die anderen sind stolz, dass sie ausschließlich analog fotografieren. Die einen sehen in der automatischen Gesichtserkennung durch Überwachungskameras den nächsten Schritt hin zum totalen Überwachungsstaat, die anderen sehen darin eine Verbesserung der Sicherheit.

Diese Aufzählung ließe sich fortsetzen, am grundsätzlichen Befund ändert sich aber nichts: Das, was jemand an persönlichen Daten freiwillig bzw. zustimmend preisgeben möchte, ist individuell höchst verschieden. Angesichts der Vielzahl an Gelegenheiten, digital persönliche Daten zu hinterlassen, ergeben sich unzählige individuelle Konstellationen. Eine umfassende Big-Data-Analyse würde sehr wahrscheinlich kollektive Verhaltensmuster aufzeigen; es ist aber anzunehmen, dass es sich immer noch um eine *Vielzahl* an Mustern handeln würde.

In der öffentlichen Debatte existieren bestimmte Grenzlinien, aber nur selten klare Parteien: Ein strenger Datenschutz wird nicht nur von zivilgesellschaftlichen Akteur*innen des Datenschutzes gefordert, sondern auch von Mitarbeiter*innen in Behörden, Firmen, Institutionen etc. – nicht nur, weil Gesetze ihn vorschreiben oder Datenschutzbeauftragte darüber wachen, sondern weil diese Akteur*innen von seiner Bedeutung überzeugt sind. Selbst Sicherheitseinrichtungen (Polizei, Verfassungsschutz u. a.) vertreten keine einhellige Meinung in Bezug auf Videoüberwachung, Bodycams, Datenspeicherung und Trojaner. Das Eintreten für strengen Datenschutz impliziert keineswegs, dass man der digitalen Technik gegenüber feindlich eingestellt wäre.[3]

Auf den ersten Blick ist Privatheit im Digitalzeitalter denselben aus der Geschichte bekannten Gefährdungen ausgesetzt. Veränderungen zeigen sich auf den zweiten Blick: Digitale Techniken erleichtern und vereinfachen in vieler Hinsicht den Alltag. Dies stellt auf der Angebotsseite eine Konsumware dar. Sie hat einen Preis: die Daten, die unausweichlich anfallen. Dieser Preis ist auch dann zu zahlen, wenn es um die

---

3   Tinnefeld/Buchner (2019).

Einholung kostenloser Informationen geht. Wie man es auch dreht und wendet und welche Schutzmaßnahmen auch immer möglich sind, das digitale Zeitalter erfordert fortlaufend die Preisgabe persönlicher Daten und erzwingt so Einblicke in die Privatheit. Dies ist zu einer Conditio sine qua non der gegenwärtigen Lebenswelt geworden.

Es handelt sich um strukturelle Prozesse, die mit der Konsumgesellschaft zu tun haben und sie führen zur Enteignung unserer Zeit, ohne die es keine Privatheit gibt. Herbert Marcuses Diagnose vom Beginn der 1960er Jahre, dass der Mensch eindimensional werde – er verband das mit der starken Konsumorientierung der Nachkriegsgesellschaften –, trifft zu.[4] Sind Konsumgesellschaft und Grundwert der Privatheit vereinbar? Zweifel sind angebracht, zumal Konsumgesellschaft vom Wachstumsprinzip lebt. Dies schafft immer neue Konsumdynamiken.

Auf Unvermeidliches reagieren die meisten Menschen mit Anpassung. Sie passen ihren Begriff von Privatheit den gegebenen Umständen an. Sie zahlen den Preis, nicht nur, weil das Konsumieren immer die wahrscheinlichere Wahl als der Konsumverzicht ist, sondern weil die umfassende Teilhabe an der Lebenswelt davon abhängt. Hier entsteht faktisch ein alltäglicher Kontrollverlust für den Einzelnen, wie es ihn in der Geschichte bisher nicht gegeben hat. Hinzu kommt, dass Daten bis zu einem gewissen Grad zweckneutrale informationelle Einheiten darstellen, die in allen möglichen Kontexten Relevanz erlangen können. Die Datenschutzgesetzgebung soll genau dies unterbinden, aber ihr Arm ist kurz, wie eine x-beliebige zufällig herausgegriffene Meldung in der Süddeutschen Zeitung vom 13. Oktober 2023 auf Seite 1 belegt:

> Die Münchner Auskunftei Crif hat über Jahre hinweg viele Millionen Daten von Mobilfunkkunden der Unternehmen Telekom, Vodafone und Freenet gesammelt und gespeichert, ohne dass die Verbraucher davon etwas wussten [...]. Übermittelt haben die Mobilfunkkonzerne unter anderem Bankverbindungen, Mail-Adressen [...]. Die Auskunftei sieht die Datensammlung durch die DSGVO gedeckt.[5]

Das Bayerische Landesamt für Datenschutz hat eine Untersuchung eingeleitet.

Digitale Techniken im Digitalzeitalter können vieles, im Guten wie im Schlechten. Die stärksten Auswirkungen scheinen sie in Bezug auf Privatheit zu zeitigen, weil es dabei weniger um „besser, schneller, effektiver, rationeller" wie z. B. in ökonomischen Produktionsprozessen geht, sondern vielmehr um einen historischen Bruch mit dem, was Privatheit einmal gewesen ist. Der Bruch ist freilich nur dann offensichtlich, wenn man genau hinschaut. Da Privatheit einen fundamental wichtigen Bestandteil der menschlichen Lebenswelt bedeutet, besitzt der diagnostizierte Bruch tatsächlich ein epochales Gewicht, das im Übrigen vom Neologismus Digitalzeitalter erfasst wird.

---

4 Marcuse (1964).
5 Süddeutsche Zeitung 79. Jg., 41. Woche, Nr. 236, 13. Oktober 2023, S. 1. Der Tätigkeitsbericht des Landesamtes für 2023 liegt mit Stand 18.4.2024 noch nicht vor (https://www.datenschutz-bayern.de/inhalte/taetig_t.htm).

Unterschwellig – aber das wäre genauer zu erforschen – ist es vielleicht dieser Bruch, den wohl jeder spürt, und der die Epochenbezeichnung so gepusht hat. In dieser Beziehung ist die Rede vom disruptiven Charakter der Digitalität der Lebenswelt angebracht, denn die Moderne hatte zunächst eine Stärkung der Privatsphäre und des Privaten gezeitigt.

Die Ausbreitung digitaler Techniken kann man nicht bremsen, aber es zeigt sich, dass sie intensiver als bisher durch Prüf- und Kontrollmechanismen ergänzt werden müssen, deren Anwendung nicht allein von der Bequemlichkeit der Nutzer*innen oder dem Willen oder Unwillen von Angestellten in Behörden und Firmen abhängen darf. Diese Mechanismen müssen automatisiert werden, sodass sie in dem Augenblick funktionieren, in dem die Daten generiert werden. Den Nutzer*innen müsste ihre digitale Identität jederzeit zugänglich gemacht und ihrer Kontrolle unterstellt werden.

Zugegebenermaßen ist dieses Szenario um einiges unwahrscheinlicher als ein bereits weiter oben erwähntes: Bald werden *viele* Menschen Chip-Implantate unter der Haut tragen. Auch ein Chip ist immer noch eine „Maschine", aber eine Maschine, die zum Teil des Körpers wird, anders, als es z. B. ein Smartphone sein kann. Der Sinn eines Chips ist es, den Körper zum Bestandteil von Datennetzen zu machen. Lässt sich dann Privatheit überhaupt noch sinnvoll definieren oder geht die Entwicklung nicht vielmehr – *Star Trek* lässt grüßen – in Richtung einer Gesellschaft von Borgs, die deshalb „perfekt" funktioniert, weil sie das Phänomen Privatheit gänzlich eliminiert hat?

Im Genre der Science Fiction gibt es sie also schon, die Lebenswelt ohne Privatheit. Ihr Preis ist der Tod des Individuums, der Persönlichkeit und des Menschen als Teil einer Zivilisationsgeschichte. Diese Aspekte scheinen aktuell glücklicherweise nicht realisierbar zu sein. Zumal die Digitalisierung der Lebenswelt im Moment vielfach Individualisierung bedeutet, die der Autonomie und Mobilität des Individuums zugutekommt. Digitalität erleichtert die Zugänglichkeit zu allen möglichen Informationen und ist niederschwellig. Man muss sich, wenn man ein Smartphone oder Tablet bei sich hat, nicht einmal mehr gedulden, um Informationen einzuholen. Das stärkt die individuelle Autonomie, so wie digitale Techniken die Nachteile von körperlichen Beeinträchtigungen spürbar reduzieren und die physische Autonomie eines Menschen erhöhen können. Das bedeutet unter Umständen einen Zugewinn an Privatheit, weil die Abhängigkeit von anderen Menschen verringert werden kann.

Die Privatsphäre ist in der Gegenwart wesentlich abhängig von einem rechtsstaatlich getragenen Datenschutz, der das Menschenrecht auf Privatheit anerkennt, in der Praxis garantiert und es schützt.[6] Als Rechtsordnung ist Datenschutz eine Angelegenheit des Staates, der nur als Rechtsstaat verdient, Staat genannt zu werden. Er ist Angelegenheit der EU sowie internationaler bi- und multilateraler Abkommen. Genauso ist er aber auch Aufgabe aller Internetanbieter und Unternehmen. Und – das wird schnell

---

6   Die folgenden Abschnitte beruhen auf Schmale (2016). Der Text wurde überarbeitet.

vergessen – es ist eine Aufgabe jedes Einzelnen, schon aus ethischen und moralischen Gründen.

An der staatlichen Perspektive lässt sich das Problem der Privatsphäre zwischen Sicherheit und Freiheit besonders scharf erkennen. Gleichwohl darf nicht übersehen werden, dass Cyberkriminalität sowie Mobbing in Sozialen und anderen Medien die Privatsphäre genauso massiv verletzen, ja, außer Kraft setzen können.

Unser heutiges Verständnis von Demokratie und Freiheit geht im Wesentlichen auf die politische und Gesellschaftsphilosophie des 18. Jahrhunderts, also auf das, was man *die* Aufklärung nennt, zurück. Treibende Kraft war die Ablehnung des schon damals immer mächtiger werdenden Staats, weil der Machtzuwachs nur unzureichend verfassungsrechtlich und allgemein rechtlich eingebettet wurde. In diesem, seit dem späten 18. Jahrhundert revolutionär gewordenen Kontext, entwickelte sich die uns bis heute vertraute Denkfigur, dass die Bürger*innen Anspruch auf Schutzrechte vor und gegen den Staat besitzen müssen, um nicht der staatlichen Willkür ausgeliefert zu sein.

Der Staat spionierte seine Bürger aus; wer, sagen wir im Jahr 1785, in Paris, Wien oder London oder anderswo ins Kaffeehaus ging, um mit Seinesgleichen bei Kaffee, Tee und Tabak zu politisieren, musste damit rechnen, dass sich Spitzel unter den Gästen befanden. Der Staat übte Zensur aus. Die Polizei stellte tagsüber und nachts Passanten nach und sammelte enorme Mengen an Informationen, die oftmals formularmäßig notiert wurden und somit zu „Daten" analog zu unserem heutigen Datenbegriff wurden. Wer reisen wollte, musste einen Pass beantragen, für den die Behörde wiederum persönliche Daten erhob, in Listen und Passformulare eintrug und speicherte – wie alle anderen Daten aus Spitzeleien und Polizeibeobachtung auch.

Und so ging es weiter, es wurde immer schlimmer, immer mehr Daten über jeden Einzelnen wurden erhoben. So ging es im 19. Jahrhundert, so ging es im 20. Jahrhundert, immer öfter wurden die gesammelten Informationen oder Daten für Diskriminierung, Verfolgung und Gewalttaten von Staats wegen eingesetzt. In den Gewaltregimen der Nationalsozialisten, der Faschisten, der Stalinisten wurde die Privatsphäre auf einen Restbestand oder auch auf null reduziert. Die Erstellung, Sammlung und Speicherung von Daten war dabei essentiell.

Obwohl die meisten europäischen Staaten inzwischen zu Rechtsstaaten umgebaut wurden, ist nicht vergessen, wie lange dies dauerte und wie oft in den Demokratien Rechtsstaatlichkeit missachtet, unterlaufen oder gesetzlich wieder eingeschränkt wird. Dies ist live in Ungarn und Polen[7], der Slowakei und beispielsweise Serbien auf den Ebenen des Verfassungs- und des Medienrechts zu beobachten. Seit Jahren schon werden – auf einer ganz anderen Ebene – Menschen, die Flüchtlingen in deren Not helfen, in beinahe allen Ländern Europas immer wieder vor Gericht gestellt, so als

---

7   Der Regierungswechsel im Dezember 2023 wird Änderungen zugunsten von Demokratie und Rechtsstaatlichkeit bringen, aber deren Erfolg kann zum jetzigen Zeitpunkt (April 2024) noch nicht beurteilt werden.

sei Solidarität und Empathie ein Verbrechen. Unter diesem Schlagwort hat sich eine heftige Diskussion im Internet, aber auch in Printmedien entwickelt. Ist der Staat noch Rechtsstaat, der humanitäres Engagement strafrechtlich als „Fluchthilfe" oder Schleppertum[8] aburteilt, indem er vor der sich seit gut und gerne zehn Jahren zuspitzenden humanitären Notlage rund um Europa und vor der Notwendigkeit auch individuellen Handelns die Augen verschließt?

Das Misstrauen gegenüber dem Staat hat berechtigte historische Gründe und wird vom Staat unaufhörlich genährt. Seit der Staat Informationen oder Daten über die Bevölkerung sammelt, tut er dies aus Gründen der Kontrolle über die Bevölkerung. Das Argument, dass es um die öffentliche Sicherheit und die des Einzelnen gehe, ist genauso alt wie das Datensammeln. Klarerweise geschieht das Datensammeln inzwischen digital und meistens von uns unbemerkt. Das staatliche Datensammeln hält mit der Entwicklung unserer Lebenswelt und -gewohnheiten mit. Noch nie war es einfacher, Daten über jeden Einzelnen zu erheben, zu sammeln, zu speichern und auf unterschiedlichste Weise auszuwerten sowie zu missbrauchen.

Vielleicht klingt das alles zu kritisch und als sei der Staat das Böse höchstpersönlich. Selbstverständlich nicht, ohne Zweifel erfüllen viele Staaten wesentliche Schutz- und Sicherheitsaufgaben, sie sind Wohlfahrtsstaaten, sie tragen Sorge um Recht und Gesetz, um den Grund- und Menschenrechtsschutz – aber sie tun dies niemals völlig eindeutig und die Verlässlichkeit ist nicht uneingeschränkt sondern nur bedingt gegeben.

Seit sich Staat entwickelt – und daran hat auch die Wende zum demokratischen Rechtsstaat nach 1945 nichts geändert –, befindet er sich in Gegnerschaft zu einer breit definierten Privatsphäre und reserviert sich gesetzliche (und manchmal ungesetzliche) Eingriffsmöglichkeiten.

Die Frage lautet, ob das so sein muss? Da die Debatte darum, ob alle praktizierten digitalen Überwachungs- und Datensammlungsmaßnahmen tatsächlich die allgemeine Sicherheit erhöhen, kaum zu gewinnen ist, weil die verschiedenen staatlichen Dienste der Öffentlichkeit gegenüber deren Nutzen und Effizienz zwar immer behaupten, aber keine Beweise vorlegen, muss sie auf einer sehr grundsätzlichen Ebene geführt werden. Wie sollen im digitalen 21. Jahrhundert Staat und Bürger*innen zueinander stehen?

Die EU-Datenschutz-Grundverordnung (DSGVO, in Kraft seit 25. Mai 2018)[9] verspricht mehr Transparenz und mehr Rechte für die Bürger*innen, wenn es um die Speicherung, Nutzung und Löschung ihrer Daten geht. Dazu kommen verschiedene Ebenen von Datenschutzbeauftragten und Aufsichtsinstitutionen. Die EU-Datenschutz-Grundverordnung greift zahlreiche Kritikpunkte der letzten Jahre auf, trotz-

---

8 Ich schreibe hier nicht von den berufsmäßigen Schleppern, die gegen hohe Geldzahlungen Migrant*innen über Grenzen bringen.
9 https://eur-lex.europa.eu/legal-content/DE/LSU/?uri=CELEX%3A32016R0679.

dem ist sie nach Meinung der einen unzureichend und nach Meinung der anderen zu bürokratisch.

Datenschutz ist ein Menschenrecht, der Rechtsstaat muss dieses und die anderen Menschen- und Grundrechte garantieren und schützen sowie für die praktische Geltung im Lebensalltag der Menschen sorgen. Eine Bewältigung des Lebensalltags ist ohne digitale Techniken nicht mehr möglich. Man vergisst inzwischen leicht, dass auch z. B. das Festnetztelefon digitale Technik benötigt und die Nutzer*innen Daten hergeben, die gesammelt und gespeichert werden. Es geht mitnichten nur um die Ausnutzung der Daten von Smartphones und den Apps, aus Sozialen Medien oder der simplen Internetrecherche, um das „Web der Dinge" oder Industrie 4.0 und so fort. Es geht um wörtlich ALLES. Deshalb ist Datenschutz ein Menschenrecht.

Das entspricht der europäischen rechtsphilosophischen Tradition, die schon vor der Aufklärung Fundamentalrechte kannte, ohne deren Garantie das Überleben eines Menschen nicht hätte gesichert werden können. Schon vor Jahrhunderten war es verboten, verschuldeten Bauern Tiere und Arbeitsgeräte zu pfänden, die sie für die Landwirtschaft und damit für ihre eigene Subsistenz und die der Familie benötigten. Der moderne Menschenrechtsbegriff greift weiter aus als der historische, auf die Subsistenzsicherung bezogene, Begriff des individuellen Fundamentalrechts, aber in Bezug auf die Bedeutung, die das Digitale in unserer Lebenswelt hat, kann man sogar von einem ganz traditionellen Subsistenzrecht als Menschenrecht ausgehen.

Dass Datenschutz ein Menschenrecht ist, wird durch einen Teil der Zivilgesellschaft unterstützt. Vereinigungen wie Privacy International, quintessenz.at, Global Liberty Internet Campaign (GILC) etc., aber auch viele einzelne Persönlichkeiten aus Kultur, Wissenschaft und Politik stehen dafür. Ende des 18. Jahrhunderts sammelte der Staat ja auch schon eifrig Daten und schränkte die Privatsphäre vielfach ein, aber die damaligen Fürsprecher des Menschenrechtsgedankens hatten genau dieses Daten-Problem nicht wirklich erkannt. Wenigstens in der Beziehung sind wir heute weiter, dass es eine öffentliche Debatte gibt und die Gefährdungen wenigstens im „Westen" offen angesprochen werden (können).

Der Datenschutz erweist sich als der Schlüssel dazu, den widersprüchlichen Charakter der Digitalität der Lebenswelt in Bezug auf Privatheit und Privatsphäre auszubalancieren und einander widersprechende Tendenzen der Moderne – Stärkung der Privatheit ab dem 19. Jahrhundert/Schwächung der Privatheit in den diktatorischen Regimen des 20. Jahrhunderts und später durch die Verbreitung der Digitalität – in einen dem Menschen zuträglichen Zustand zu überführen.

15 Digitaler Human(itar)ismus

Die Würde des Menschen ist unantastbar, heißt es im deutschen Grundgesetz und vielen anderen Rechtsdokumenten auch außerhalb Deutschlands. Die Würde ist unantastbar, aber sie ist nicht einfach fertig da, sodass es ausreichen würde, sie nicht anzutasten, sondern sie muss, um ein berühmtes Zitat des französischen Gelehrten Ernest Renan (1823–1892) abzuwandeln, ein Plebiszit sein, das Tag für Tag erneuert wird.[1] Es könnte keinen besseren Maßstab für Digitalität geben: Digitalität, die nicht dieses tägliche Plebiszit für die Würde aller Menschen unterstützt, ist defizitär und ungut.

Unter „digitalem Human(itar)ismus" ist mehr zu verstehen als der Einsatz digitaler Technik für humanitäre Aktivitäten, es geht vielmehr generell darum, jegliche digitale Technik von ihrer Zuträglichkeit für den Menschen her zu denken.

Der Humanismus entwickelte sich in der Antike.[2] Das Wort selber ist jüngeren Datums, es entstand zunächst im Deutschen in der Sattelzeit um 1800, bevor es Eingang in andere Sprachen fand.[3] Die Sache geht auf die Antike zurück, doch die Häufigkeit des Begriffs seit seiner Schöpfung verweist auf eine besondere Relevanz seit der Zeit zwischen den beiden Weltkriegen (Grafik 2). Der quantitative Höhepunkt wird überdeutlich im Deutschen und Französischen sehr bald nach dem Zweiten Weltkrieg erreicht. Für das Italienische gilt dieselbe Bemerkung, aber das quantitative Niveau ist ungleich niedriger. Niedrig ist es auch im Englischen, dessen Kurve allerdings bis heute leicht ansteigt.[4]

Der Kern des Humanismus besteht in der Menschenbildung. Auch wenn der Mensch ein Gemeinschafts-, ein soziales Wesen ist, ändert das nichts an der Notwendigkeit einer auf Bildung basierenden hohen Selbstbestimmtheit, da diese nicht nur

---

1 Das Originalzitat um Nachlesen: https://www.aphorismen.de/zitat/105391.
2 Dieses Kapitel beruht auf: Schmale (2022), 13–17. Der Text wurde überarbeitet.
3 Auf die Literatur zu „Humanismus" kann nicht eingegangen werden. Vgl. stattdessen: Cancik et al. (2016). Siehe darin u. a. die Artikel „Humanismus" (Cancik, 9–15); „Humanismus als Kultur" (Groschopp, 23–30); „Humanitarismus" (Wohlfarth, 31–38).
4 Die vier ausgewählten Sprachen sind exemplarisch zu verstehen. Ngram Viewer von Google lässt Untersuchungen an folgenden weiteren Sprachen zu: Chinesisch, Hebräisch, Russisch und Spanisch. Für Englisch gibt es Differenzierungsoptionen, die hier nicht eingesetzt wurden.

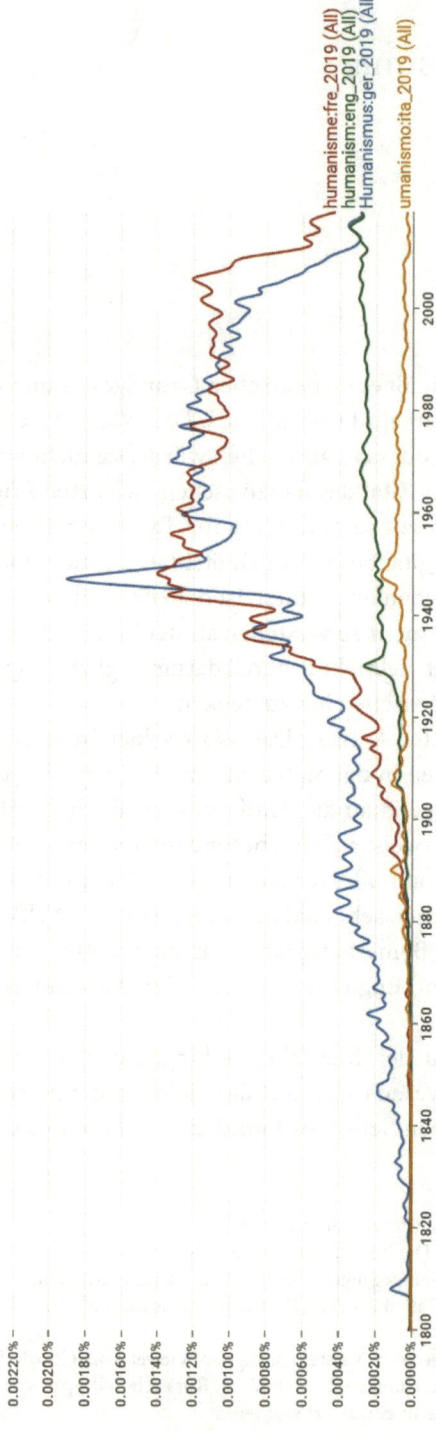

Grafik 2 Häufigkeit von Humanismus, humanisme, humanism, umanismo 1800–2019, Groß- und Kleinschreibung, Smoothing 3 (Ngram Viewer Google: https://tinyurl.com/559k5dxm).

dem Individuum, sondern auch der Gemeinschaft zugute kommt. Seit der Aufklärung des 18. Jahrhunderts gelten die Grund- und Menschenrechte als praktischer Ausdruck dieser Selbstbestimmtheit und ihrer Zuträglichkeit in einer Gemeinschaft. Die Menschenbildung, die der Humanismus meint, gründet sich auf Menschenliebe. Seit der Aufklärung gilt der Philanthropismus bzw. dann der Humanitarismus als praktischer Ausdruck der Menschenliebe, die auch zum Kern der Menschenrechtsidee gehört. Menschenbildung und Menschenliebe setzen Menschenwürde einerseits voraus, setzen diese andererseits aber auch praktisch um.

Dass der Humanismus die praktische Lebenswelt der Antike *prägte*, muss bezweifelt werden, aber es wurden ideelle Grundlagen formuliert, auf die die mittelalterliche und, ab dem italienischen 14. Jahrhundert, die Renaissance-Philosophie sowie nachfolgend die bis heute aktuelle Philosophie der Aufklärung zurückgreifen konnten. Der Begriff Humanismus zeigt eine epochenübergreifend gültige Ethik an.

Zweifellos war die Trias von Menschenbildung, Menschenliebe und Menschenwürde in der Praxis immer diskriminierenden Einschränkungen, Missachtungen oder sogar totaler Negation bis hin zum Völkermord ausgesetzt. Heute wird sie außerdem durch die Missbrauchsphänomene bei der totalen Digitalisierung der Lebenswelt infrage gestellt. Hackerangriffe auf Krankenhäuser und allgemein Einrichtungen, die zur kritischen Infrastruktur zählen, haben bereits zu Todesfällen geführt.

Julian Nida-Rümelin definiert Digitalen Humanismus wie folgt:

> Im Kern des philosophischen Humanismus steht die menschliche Autorschaft und die damit verbundene Verantwortung und Freiheit. Der Digitale Humanismus möchte die digitalen Technologien einsetzen, um menschliche Handlungsmöglichkeiten zu erweitern und die Werte der Humanität zu realisieren. Damit stellt er sich sowohl gegen die Aufwertung von Software Systemen zu Akteuren, als auch gegen die Abwertung des Menschen zu algorithmischen Maschinen. Es geht ihm um die Stärkung menschlicher Handlungskompetenz und die Verhinderung der Verantwortungsdiffusion in digital-technologischen Systemen.[5]

Humanitarismus bezieht sich auf ethische Haltungen vor allem seit dem späteren 18. Jahrhundert, um, in den Worten von Heinz-Bernhard Wohlfarth,

> besonders schwere moralische Übel zu beseitigen oder wenigstens abzumildern. In der Sprache der Menschenrechte sind ‚besonders schwere moralische Übel‘ prinzipiell vermeidbare Leiden, die die physisch-seelische Grundlage von Menschen als Rechtspersonen zerstören.[6]

Die steigende Gebrauchsintensität des Begriffes Humanitarismus in der zweiten Hälfte des 19. Jahrhunderts (Grafik 3) spiegelt die wachsende praktische Bedeutung der

---

5   Nida-Rümelin (2021), 38.
6   Wohlfarth (wie Anm. 157), 31.

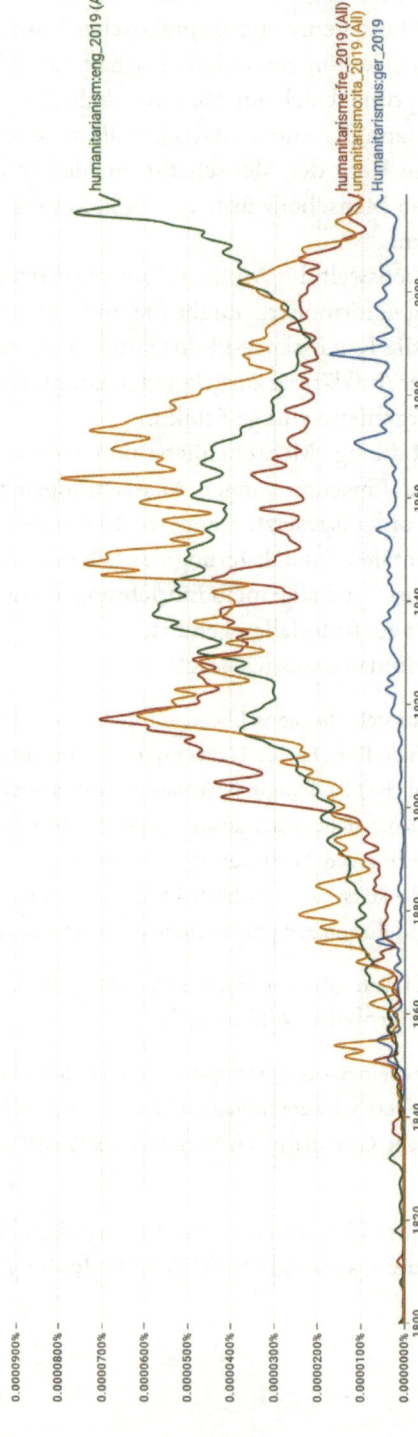

Grafik 3 Häufigkeit von Humanitarismus, humanitarisme, humanitarianism, umanitarismo 1800–2019, Groß- und Kleinschreibung, Smoothing 3 (Ngram Viewer Google: https://tinyurl.com/3xyew6ph).

ethischen Haltung des Humanitarismus wider – zu nennen ist etwa die Genfer Konvention von 1864, die eng mit der Gründung des Roten Kreuzes in diesen Jahren verbunden war. Auch der Humanitarismus wird durch die Missbrauchsphänomene im Zuge der totalen Digitalisierung der Lebenswelt infrage gestellt.

Es geht nicht darum, Digitalisierung pauschal als falsche Entwicklung und als schlecht zu charakterisieren. Sie kann genauso gut humanistischen und humanitären Zielsetzungen dienen, und tut es auch, aber es gibt gute Gründe dafür, dass die Forderung nach einem Digitalen Humanismus aufgekommen ist. Noch ist die Gebrauchsintensität der Formulierung „Digitaler Humanismus" gering, messbar wird sie erst seit ca. einem Jahrzehnt.[7] Der im Deutschen noch neue Ausdruck „Digitaler Humanitarismus" geht auf das seit zehn Jahren gebräuchliche englische „digital humanitarianism" zurück.

Per Aarvik definiert „digital humanitarianism" wie folgt als Praxis:

> Digital humanitarianism is humanitarian intervention conducted at a distance, sometimes without physical presence on the ground, through digital tools and often in an online, collaborative manner including citizen participation.[8]

Eine strikte Trennung zwischen Digitalem Humanismus und Digitalem Humanitarismus scheint schon aus historischen Gründen nicht sinnvoll zu sein, ich verwende daher die Schreibweise Digitaler Human(itar)ismus. Digitalen Humanitarismus sehe ich über Aarviks Definition hinaus als Ausdruck einer ethischen Haltung, die schon bei der Entwicklung digitaler Techniken und Geräte den Humanitarismus mitdenkt.

Die vielen Kehrseiten von Digitalisierung sind wohl erst seit einem guten Jahrzehnt stärker ins Bewusstsein der Öffentlichkeit getreten. Aus Sicht des Datenschutzes sieht das freilich anders aus, die Kehrseiten sind von Anfang an erkannt und formuliert worden, das Datenschutzrecht wurde daher international vorangetrieben. Trotzdem besitzt das Thema des Datenschutzes nicht den hohen Stellenwert in der Öffentlichkeit, den es haben sollte, ganz zu schweigen von der Nachlässigkeit, die viele Menschen gegenüber ihren Daten walten lassen.

Was Soziale Medien anrichten können, weil sie niederschwellig den Missbrauch für Fake News, Verschwörungstheorien, Diskriminierungen aller Art sowie Hass- und Todesbotschaften zulassen, wurde, ebenso wie das Phänomen der Echokammern und Filterblasen[9], erst nach und nach erkannt. Speziell die Pädokriminalität, die sich wie andere Kriminalität auch des Dark Net bedient, öffnet unserer Zeit die Augen und treibt allfällige Reste von Gutgläubigkeit gegenüber der Digitalisierung aus.

Die noch junge Begriffsbildung Digitaler Human(itar)ismus reagiert nicht nur auf Fehlentwicklungen, sondern auch auf Potenziale z. B. in der Mensch-Roboter-Bezie-

---

7   Hier ohne Grafik, nachprüfbar mithilfe des Ngram Viewer, Google (https://tinyurl.com/ndkmrh8s).
8   Aarvik (2020), 43.
9   Pariser (2012) machte diese Problemstellung international zu einem Diskussionsthema.

hung.[10] Digitaler Human(itar)ismus stellt folglich kein allein durch Ab- oder Gegen-
wehr bestimmtes Konzept dar, sondern webt Human(itar)ismus in die digital gewordene bzw. werdende Lebenswelt ein, um eine für den Menschen gedeihliche Zukunft
wahrscheinlicher zu machen.

Im Zuge der bisherigen Diskussion um Digitalen Humanismus, die langsam den
Aspekt des Digitalen Humanitarismus aufnimmt, werden vor allem folgende Bereiche
angesprochen: Digitale Wirtschaft, Bildung und Erziehung, Demokratie und Partizipation, Transformation der Arbeitswelt durch Digitalität, Datenschutz und Datensicherheit, digitales kulturelles Erbe, eHealth, Medien, dabei besonders Soziale Medien.[11]

Ohne Soziale Medien hätte der Arabische Frühling nicht stattgefunden. Selbst
wenn heute, mehr als ein Jahrzehnt danach, von seinem Scheitern auszugehen ist, be-
hält er für das Demokratiegedächtnis der Zivilgesellschaft von Syrien über Ägypten
und Tunesien bis Marokko eine hohe Bedeutung.

Der Einsatz von Algorithmen macht es sinnvoll, über digitale Plattformen inhaltliche Positionen hunderttausender Menschen einzuholen, wie es in Frankreich in der
Folge der Gelbwesten-Proteste geschah, um ein differenziertes Bild der Gravamina
der Bevölkerung zu erhalten, das nicht durch die Fragen von Meinungsforschungs-
instituten vorstrukturiert wurde. Ohne „faire Algorithmen"[12], deren Programmierung
höchst sorgfältig zu planen ist und außerdem veröffentlicht werden muss, damit über
die Algorithmen selber wie über die Inhalte der Beiträge diskutiert werden kann, ist
diese Art der Partizipation kaum durchführbar. Das lässt sich der Idee des Digitalen
Humanismus und der digitalen Demokratie zuordnen.

Die Covid-19 Pandemie hat gezeigt, dass bei der – gewiss – unter Zeitdruck er-
folgten Programmierung von Apps zur Kontaktverfolgung Infizierter oder von Portalen für die Buchung von Test- und dann Impfterminen viel geschlampt wurde. So
schlecht, wider das intuitive Bedienen von Webseiten, unabgestimmt und altersfeind-
lich ist schon lange nicht mehr programmiert worden. Es bedeutete eine ganz eigene
Erfahrung, dass das Programmier-Chaos ausbricht, wenn es zu einer druckvollen Kri-
sensituation kommt.

Das ist ein Feld für Digitalen Humanismus: Die Ausbildung nicht nur von Program-
mierer*innen, sondern auch von Mitarbeiter*innen in Behörden, Unternehmen und
Bildungseinrichtungen muss mehr daraufhin orientiert werden, um in Krisensituatio-
nen trotz Zeit- und Handlungsdruck optimale digitale Angebote und Infrastrukturen
zu schaffen und einzusetzen.

Jugendliche im Schulalter und Studierende wurden in den ersten Lockdowns quasi
sich selbst überlassen. Meistens fehlte die Hardware, Geld für die an sich vorhandene

---

10 Nida-Rümelin/Weidenfeld (2018).
11 Mayer/Strassnig (2020), 35.
12 Zum Problem „fairer Algorithmen": Mölders (2022).

Software für die verschiedensten Bildungsaufgaben und Unterrichtserfordernisse gab es nicht, vielfach fehlten geeignete Internetverbindungen. Altenheime waren ebenso wenig auf die digitale Linderung der Begleiterscheinungen im Hinblick auf die während eines Lockdowns verbotenen persönlichen Kontakte vorbereitet.

Digitale Kommunikation ersetzt den persönlichen Kontakt nicht, aber sie kann die sozialen und psychischen Folgen der verordneten Isolierungen und Kontaktbeschränkungen abschwächen. In dieser Beziehung hat die Covid-19 Pandemie viel gelehrt – das gilt es im Geist des Humanismus umzusetzen, um beim nächsten Mal, das sicher kommen wird, besser vorbereitet zu sein.

Generell sind existentielle Gefährdungen näher an uns herangerückt. Vieles hat mit der Zerstörung der Erde durch den Menschen zu tun. Die Wahrscheinlichkeit, dass persönliche menschliche Kontakte für kürzer oder länger unterbrochen werden, dass es zu Isolierungen aufgrund höherer Gewalt oder vorsorglicher behördlicher Anordnung kommt, steigt. In dieser Beziehung muss digital-human(itar)istisch gedacht werden, wie mithilfe digitaler Kommunikationstechniken die jeweilige Situation erträglicher gemacht werden kann.

Ungelöst ist das Problem ausreichender elektrischer und umweltverträglich erzeugter Energie, die möglichst wenig störungsanfällig zur Verfügung gestellt wird. Das ist als Aufgabenstellung für den Digitalen Human(itar)ismus mindestens ebenso wesentlich, wie die kritische Beobachtung der Folgen des Einsatzes von Algorithmen bei der Auswertung von Bewerbungen (eRecruiting), der Erstellung von Sozialprognosen für Häftlinge oder der Suche nach Arbeitsmöglichkeiten für Langzeitarbeitslose, alleinerziehende Mütter oder Flüchtlinge.

Müsste nicht, um zur Energieversorgung zurückzukehren, jeder (bedürftige) Mensch gratis mit einer (solarzellenbetriebenen) Powerbank ausgestattet werden, um mindestens mit dem Smartphone Kontakt halten zu können? Damit ist die Verfügbarkeit von WLAN bzw. Telekommunikationsverbindungen noch nicht geklärt, das kommt dazu. Falls nicht jegliches Netz ausfällt, können ggf. noch verfügbare Netze von Fremdanbietern, die normalerweise mit der vorhandenen SIM-Karte nicht genutzt werden können, mittels eSIM-Karte, einer digital eingebetteten Karte, benutzt werden. Das heißt, dass Zivilschutzaspekte als Teil des Digitalen Human(itar)ismus zu betrachten sind.

Anders ausgedrückt: Wir müssen lernen, uns viel mehr mit Krisen und Nöten zu befassen und zu klären versuchen, wie digitale Techniken zur Situationsbewältigung beitragen können. In der häuslichen ambulanten Pflege z. B. macht das Smart-Home viel Sinn, weil die (ggf. harmonisierte) Bedienung von Geräten über Apps auf dem Smartphone oder automatisch über Sensoren erfolgen kann, ohne dass eine Pflegerin oder ein Pfleger oder eine andere Person aus dem Lebensumfeld anwesend wäre. Das ermöglicht eine gewisse Lebensqualität im Sinne selbstbestimmter Lebensführung bei Menschen, die ansonsten für vieles auf jemanden angewiesen wären, die oder der eine bestimmte Handlung an ihrer Stelle ausführen müsste – und klarerweise anwesend sein müsste.[13] Beschwerlichkeiten des Alltags für Menschen mit besonderen Bedürfnissen bzw. Behinderungen können gelindert werden, eine gesunde Lebensführung kann unterstützt und gefördert werden, digitale interaktive Tische und AR-Anwendungen verbessern die Reaktionsfähigkeit von Demenzkranken, die Sicherheit im Verkehr und des Zuhauses kann verbessert werden. Die niederschwellige Zugänglichkeit von Informationen und Wissen, inklusive wissenschaftlichen Wissens, *kann* für ein, gemessen an der bisherigen Menschheitsgeschichte, bisher nicht erreichtes individuelles Kompetenzniveau sorgen.

Dabei ist es zentral, dass die Gesellschaft menschlich bleiben kann, wenn die äußeren Krisen- und Notumstände dem entgegenstehen. Körperliche Nähe kann durch „digitale Nähe" nicht ersetzt werden, aber wenn körperliche Nähe ausgeschlossen ist, kommt der „digitalen Nähe" Bedeutung zu. Es wäre Aufgabe des Digitalen Humanismus, Konzepte für „digitale Nähe" zu entwickeln. Das sollte bis hin zu globalen Standards, wenn nicht Rechten gehen, wenn man an die weltweite Migration und dabei besonders an die prekär bis hoffnungslose Situation vieler Flüchtlinge denkt.

Die Covid-19 Pandemie hat uns gelehrt, dass nicht jede Besprechung oder Konferenz mit Vor-Ort-Präsenz stattfinden muss, sondern dass digitale Videoformate es auch tun, teilweise sogar effektiver und ertragreicher. Was nichts daran ändert, dass nicht nur die Effektivität zählt, sondern immer auch menschliche Nähe. Ständige Videokonferenzen und/oder Videochats ermüden und gehen alsbald auf die Nerven – häufiges rein berufliches Reisen allerdings auch.

Millionen von Menschen wurden in der Pandemie von jetzt auf sofort ins Homeoffice geschickt – nach dem Motto: irgendein Platzerl fürs Notebook oder den Laptop gibt es immer, im Zweifelsfall auf dem Küchentisch oder auf dem Bett. Was braucht es da lange Überlegungen? So darf es sicher kein zweites Mal ablaufen.

In der Tat lässt sich viel Präsenzgeschehen durch digitale Kommunikation ersetzen, und es gibt kaum ungeeignete Plätze dafür. Mit einem Headset lässt sich dann auch noch Umgebungslärm heraushalten. Aber wenn diese digitale Kommunikation, wenn Homeoffice, was im Wesentlichen ja eine digitale Arbeitsweise meint, schon jetzt und in Zukunft sehr viel häufiger als bisher zum Einsatz kommt, muss man sich intensiver mit dem unmittelbaren räumlichen Kontext befassen, in dem das digitale Arbeiten stattfindet. Das Arbeiten bildet einen großen Teil des Lebens und steht daher vielfach im Zentrum human(itar)istischer Überlegungen. Aber tut es auch das digitale Arbeiten? Welcher unmittelbare räumliche Kontext, welche Raumkontextgestaltung ist dem digitalen Arbeiten psychisch und physisch zuträglich? Es geht um mehr als einen geeigneten Bürosessel und höhenverstellbaren und neigbaren (Schreib)tisch.

Zu den Charakteristika der Moderne gehörte die zunehmende Auftrennung der Lebenswelt in einerseits Arbeitswelt und andererseits Privatheit und Familie. Dies führte

---

13   Für Praxisbeispiele s. etwa: Weber et al. (2023).

in beiden Bereichen zu Entfremdungsprozessen. Im Digitalzeitalter lassen sich gegenläufige Tendenzen erkennen, die manchmal schubweise wie in der Covid-19 Pandemie vorangetrieben werden. Es handelt sich nicht einfach um die Rückkehr zu einer historischen integrierten Lebenswelt, die ohnehin nicht für alle und überall galt, aber soweit es um „Leben und Arbeiten" unter demselben Dach geht, erinnern die aktuellen Entwicklungen an vormoderne Konstellationen, ohne dass unsere Zeit darauf eingestellt wäre und ohne dass die historischen Entfremdungsprozesse dabei aufgehoben würden. In der Praxis herrschen pragmatische Kompromisslösungen vor, die so aussehen, dass z. B. ein bis zwei Tage Homeoffice regulär ohne spezielle Genehmigung zugelassen werden. In bestimmten Fällen kann der Anteil der Arbeit zuhause, der Telearbeit, erhöht werden, um die Vereinbarkeit von Beruf und Familie zu erhöhen. Das ist im Sinne des digitalen Humanismus, der in dieser Beziehung mit dem Arbeitsrecht ein Bündnis eingeht.

Digitalisierungen können Arbeitsabläufe unterstützen und im Idealfall Zeit für menschliche Zuwendung schaffen. Ob Kindergarten, Schule, soziale Dienste, Krankenhaus, Betreuungseinrichtungen wie Pflegeheime, letztlich auch Gefängnisse, überall wäre für den Erfolg mehr Zeit für menschliche Zuwendung nötig. Meistens wird Digitalisierung aber nur dafür eingesetzt, Kosten und Personal zu sparen. Im günstigsten Fall geht es um die Füllung oder Überbrückung von nicht behebbaren Personallücken, da keine Fachkräfte zu bekommen sind und sich die übrig gebliebenen Mitarbeiter*innen nahe am Burn out und allein gelassen fühlen.

All dies zeigt, wie dringlich es ist, Digitalität und speziell auch KI aus der Perspektive des Digitalen Human(itar)ismus zu analysieren und die notwendigen Weichenstellungen vorzunehmen. Hierhin sollte derzeit das Geld fließen – weniger in den autonom fahrenden PKW, mit dem das Problem des Individualverkehrs und der Überlastung der Infrastruktur inkl. des benötigten Parkraums mitnichten gelöst wird, oder auch weniger in den durch KI „autonom" gemachten Kinderwagen[14]. Hinter diesen „bahnbrechenden Innovationen" stecken teils starke kommerzielle Interessen. Die Sinnhaftigkeit der sogenannten Autonomien wird dabei nicht annähernd ergründet. Digitaler Human(itar)ismus verlangt aber nun mal Human(itar)ismus, das heißt, eine verantwortungsethische Herangehensweise, deren Gewinn sich weniger in der Firmenbilanz, sondern eher in der Bilanz einer human gestalteten Lebenswelt niederschlägt. Für alle Utilitarist*innen: Die human(itar)istische Bilanz ist volkswirtschaftlich relevant und „rechnet" sich.

---

14 Vorstellung auf der Consumer Electronics Show in Las Vegas, 9. bis 12. Januar 2024. Website der Elektronikmesse: https://www.ces.tech/.

16 Lust und Frust des Digitalzeitalters und die kritische Urteilskraft

Jean Paul Marat glaubte daran, dass ein Volk die Ketten der Sklaverei, die ihm der Absolutismus oder Despotismus seiner Zeit anlegte, abschütteln könne. Die Revolutionär*innen in Frankreich glaubten daran. Sie schafften die Monarchie ab und errichteten eine Republik. Die Vorgehensweise war radikal: König und Königin wurden beseitigt, guillotiniert, so als wäre damit die Abschaffung des Alten endgültig gelungen und das Neue nachhaltig implementiert.

Schnell zeigte sich aber, nicht nur in Frankreich, dass die alten Ketten nur gegen neue eingetauscht worden waren. Das Zeitalter der Französischen Revolution eröffnete das Zeitalter der Ideologien. Die Menschen begaben sich früher oder später in die Sklaverei der einen oder der anderen totalitären Ideologie, zu der auch die Ideologie der kolonialen europäischen Zivilisationsmission („the white man's burden") und des Rassismus zählte. Sie begaben sich in die Sklaverei des Kapitalismus, des ideologisch aufgeladenen Nationalismus, des Konsumismus, der Zwangsmodernisierung, der hegemonialen Männlichkeit, des Computers und dann der globalen Digitalität. Das sind viele der Dilemmata, die die Frust-Seite der Moderne ausmachen.

Meistens verbinden wir mit der Moderne jedoch positive Aspekte, die wir mit Fortschritten assoziieren: in der Technik, im Gesundheitsbereich, in der Ökonomie, in Bezug auf Wohlstand, Wohlergehen und auf Bildung und Wissenschaft. Moderne wird mit Demokratie gleichgesetzt, mit Befriedung der Gesellschaft und vielem anderen mehr. Dies macht die Lust-Seite der Moderne aus. Die Moderne ist nach dem Muster von Lust und Frust janusköpfig, und ebenso verhält es sich mit dem Digitalzeitalter, das als Teil der Moderne derselben Logik folgt und dem Guten wie dem Schlechten dienen kann.

Ich habe in den vorangegangenen Kapiteln verschiedene Vor- und Nachteile der Digitalität für unsere Lebenswelten abgewogen. Die Abhängigkeiten, die entstehen, sind ernst zu nehmen. Dass Digitalität weder disruptiv noch revolutionär voranschreitet, ist kein Grund, sie unkritisch hinzunehmen. Die Kumulation langsamer Transformationen führt vielleicht sogar im Gesamtergebnis irgendwann eher zum Bruch als revolutionär anmutende Vorgänge, die sich letztlich als nicht nachhaltig erweisen. Langsame Transformationen hingegen sind in der Regel nachhaltig.

Digitalisierungsprozesse sind nicht aufzuhalten. Wir müssen daher darauf achten, dass unsere kritische Urteilskraft damit Schritt hält.[1] Tatsächlich scheint ein Verlust von „kritischer Urteilskraft" vorzubestehen, wenn man sich anschaut, mit welcher Nonchalance mehr als zwei Milliarden Nutzer*innen die Datenskandale bei Facebook & Co. wegstecken bzw. ignorieren.[2] Umfassende Gesichtserkennung an immer mehr Plätzen im öffentlichen Raum? Kein großes Thema. Nutzung von Alternativen zu den Angeboten der digitalen Weltkonzerne? Das bleiben Insidertipps von Freaks für Freaks. Wer mag sich die Zeit nehmen und sich mit Aral Balkans „Building the people's internet" befassen?[3] Balkan geht es um die individuelle Unabhängigkeit im Web, sprich Freiheit von den großen Anbietern. Deshalb lehnt er auch den Begriff „user" ab, seine Anwender*innen sind autonom, weil sie mit dem von ihm angebotenen Baukasten auf einfache Weise alles selber ‚bauen' können und niemandem Daten ausliefern müssen. Dies ist ein Angebot, die Ketten der Digitalität abzuschütteln, aber nicht die Digitalität gleich mit. Das wäre eine ungeeignete Alternative.

Grundsätzlich fehlt es nicht an kritischen Analysen digitaler Angebote und an Schulungsangeboten. Sicher ist es so, dass ich auch traditionelle Medien wie Zeitungen, Fernsehen und Radio nicht unkritisch konsumieren darf, aber bei diesen funktionieren entsprechende Filter – die es in Sozialen Medien nicht in derselben Form gibt. Strafrechtlich Relevantes und Hassrede werden dort zunächst veröffentlicht und anschließend ggf. herausgefiltert und gelöscht, während es in traditionellen Medien,[4] die seit dem 18. Jahrhundert als „vierte Gewalt" fungieren, erst gar nicht zur Veröffentlichung kommt. Da kann es aber schon zu spät sein, denn die Radikalisierung von (jungen) Menschen erfolgt heute sehr schnell über Soziale Medien.

Ich benötige daher einen gut ausgestatteten Instrumentenkoffer der Methodenkritik und ich muss ihn anwenden wollen. Ich muss mehr Zeit für Kritik aufwenden. Digitalität zwingt mir allein dadurch, dass sie ist, wie sie ist, einen bestimmten Zeitgebrauch auf – oder ich lasse es bleiben und liefere mich der Digitalität unkritisch aus bzw. versuche mich als Totalverweigerer.

Was immer an digitalen Helferchen auf den Markt kommt, die versprechen, dir Aufgaben abzunehmen, findet seine Anwender*innen und ggf. Käufer*innen. Die möglicherweise gewonnene Zeit wird nicht eingesetzt, das Gehirn auf andere Weise fit zu halten, vielmehr wird noch mehr Zeit mit einem digital arbeitenden Gerät verbracht.

---

1 Im Folgenden werden einige Textbausteine in überarbeiteter Form verwendet aus: Schmale (2019).

2 Vgl. den Missbrauch der Daten von 87 Millionen Facebook-Nutzer*innen durch Cambridge Analytica 2018. Im Oktober 2021 tauchten im Dark Net Daten von rund 50 % der Facebook-Nutzer*innen auf: Stadler (2021).

3 Vgl. die Homepage von Aral Balkan und die dortigen Blogeinträge: https://ar.al.

4 Der Begriff „traditionelle Medien" ist unscharf. Wo, z. B., ordnet man *Fox News* (USA) oder *CNews* (Frankreich) ein? Solche Fernsehkanäle geben sich wie traditionelle Medien, ähneln aber eher Social Media.

Durch Lernen erworbene Kompetenzen verkümmern, weil sie an Maschin(ch)en aus-gelagert werden, am Schluss wird das Lernen immer mehr verlernt, auch deshalb, weil sehr gute digitale Lernhilfen und Lernprogramme links liegen gelassen werden. Es fehlt die kritische Urteilskraft. Deren Entwicklung und Pflege beim Individuum ge-hört aber seit Kant und allgemein der Erziehungsphilosophie der Aufklärung fix zur Moderne; hier droht ein historischer Bruch, dem gleichwohl zahlreiche digitale Lern-hilfen entgegengesetzt werden. Der Ausgang der Sache ist folglich offen.

Wenn ich mich selber wertschätze, kultiviere ich auch meine Urteilskraft. Wenn ich mich nicht besonders wertschätze, lasse ich es bleiben und vertue viel Lebenszeit mit dem Konsumieren von digitalem Trash. Das schränkt meine Freiheit im Sinne von Selbstbestimmtheit ein.

Was soll das nun mit der „Urteilskraft"? Ein Beispiel: 1945 gründeten Simone de Beauvoir (1908–1986), Jean-Paul Sartre (1905–1980), Raymond Aron (1905–1983), Maurice Merleau-Ponty (1908–1961) und weitere die Zeitschrift „Les Temps Moder-nes". Der Titel war von Charlie Chaplins Film „Modern Times" (Moderne Zeiten; 1936) inspiriert. Die Zeitschrift errang eine weltweite Bedeutung, es gab kein wich-tiges Thema, das nicht dort debattiert worden wäre. Bildung beruhte – damals – auf dem kompetenten Gebrauch der kritischen Urteilskraft. Dafür stand die Zeitschrift. Zuletzt war Claude Lanzmann Herausgeber, er starb im Juli 2018. Wenig später teilte der Verlag Gallimard mit, dass die Zeitschrift nicht mehr wie bisher erscheinen werde. Mit der Zeitschrift verschwand ein Instrument der kritischen Urteilskraft aus unserer jüngeren Vergangenheit. Die Gründe sind vielfältig. Der Eintritt ins Digitalzeitalter wurde verpasst, die Anhänglichkeit des Publikums schwand dahin. Braucht es diese Art kritischer Urteilskraft nicht mehr?

Historisch befand sich in Europa das Interesse an „kritischer Urteilskraft" 1940 an einem Tiefpunkt, Anfang der 1950er Jahre dann auf einem Höhepunkt, der durch den philosophischen Dekonstruktionismus markiert wurde. Im Zusammenhang von „1968" steigerte sich das Interesse daran erneut. Doch heute? Befragt man Google Trends nach dem Begriff der „kritischen Urteilskraft", wird bezüglich der „lokalen" Suche (Deutschland bzw. Österreich) nur ein minimales Suchvolumen ausgewiesen, weil zu selten nach „kritische Urteilskraft" gesucht wird.[5] Die Suche nach Englisch „Critical judgement" ergibt Daten für 47 Länder, darunter 42 Länder mit „geringem Suchvolumen".[6] Dass der Autor dieses Textes nach „kritischer Urteilskraft" bzw. „Cri-tical judgement" suchte, scheint eine etwas exotische Verhaltensweise zu sein. Kein Wunder, dass die Zeiten für „Les Temps Modernes" vorbei sind!

---

5   25. März 2024, Filter „2004 bis heute", „Deutschland" (https://trends.google.de/trends/explore?date=all&geo=DE&q=kritische%20Urteilskraft&hl=de) bzw. „Österreich" (https://trends.google.de/trends/explore?date=all&geo=AT&q=kritische%20Urteilskraft&hl=de).

6   25. März 2024, Filter „weltweit" und „2004 bis heute": https://trends.google.de/trends/explore?date=all&q=Critical%20judgement&hl=de.

Kritische Urteilskraft und Freiheit gehören zusammen. Bildung, in der Schule, an der Universität, die Erwachsenenbildung, im Rahmen des lebenslangen Lernens, all dies muss die Luhmannsche Weltgesellschaft mit jener kritischen Urteilskraft ausstatten, die es braucht, um die Folgen der umfassenden Digitalisierung erkennen, überschauen und kritisch diskutieren zu können.

Wir müssen uns darüber im klaren sein, dass, wie es oben in Kapitel 10 skizziert wurde, die „gesellschaftliche Konstruktion der Wirklichkeit" durch die „digitale Konstruktion der Wirklichkeit" abgelöst wurde und dass das nicht auf dasselbe hinausläuft. Bald wird diese digitale Wirklichkeit die entscheidende sein.

Die digitale Konstruktion der Wirklichkeit beraubt die Gesellschaft ihrer Aufgabe, Wirklichkeit zu konstruieren, weil sie nicht mehr die entscheidende Konstrukteur*in ist. Und dies ist sie deshalb nicht mehr, weil ihre inhaltliche Kohärenz und strukturelle Kohäsion im Digitalzeitalter als stärkstem Ausdruck der „flüssigen Moderne" zerfallen. In der vor-digitalen Zeit war die Wirklichkeitskonstruktion zugleich der Kitt der Gesellschaft. Die digitale Konstruktion kittet keine Gesellschaft, weil es unübersichtlich geworden ist, wer was konstruiert, und weil es unendlich viele Konstrukteur*innen sind, die sich in spezialisierten Communities und individuellen oder auch kollektiven Filterblasen betätigen. Trotz der vielen Interferenzen zwischen einerseits digitalen und andererseits gesellschaftlichen Wirklichkeitskonstruktionen reiben sich beide Sphären wie zwei Erdplatten aneinander und erschüttern sich – vorerst noch gegenseitig.

Gesellschaftliche, politische oder ökonomische Entscheidungen, etwas zu tun oder nicht, werden immer öfter davon abhängig gemacht, dass ausreichend auswertbare Daten vorliegen. Historisch gesehen beinhaltete die gesellschaftliche Konstruktion von Wirklichkeit immer auch eine Art Wette auf die Zukunft, zu der das Wissen darum, dass man auch falsch wetten kann und dann verliert, dazu gehört. Das gehört zur Freiheit der Menschen. Eine vollständig datenbasierte und datengetriebene Welt mag Kriterien der Rationalität entsprechen, sie ist aber letztlich unfrei, weil dann sinnvollerweise die Entscheidungen von einer KI getroffen werden, die sich der Zukunft durch Berechnung nähert.

Um sich der weitreichenden Bedeutung dieses digitalen Wandels bewusst zu werden und um sich nicht in dessen Abhängigkeit zu begeben, das heißt, sich nicht vollständig in die Abhängigkeit der letztlich von Berechnungen und Algorithmen und nicht mehr der Gesellschaft konstruierten Wirklichkeit zu begeben, braucht es kritische Urteilskraft. Wo man klicken muss, um den Algorithmus ans Arbeiten zu bringen, ist schnell gelernt; aber aus den Ergebnissen die richtigen Schlüsse zu ziehen und diese kritisch bewerten zu können, ist nicht schnell gelernt, sondern muss Teil der (Aus-) Bildung sein. Einen „fairen Algorithmus" (s. o.) zu programmieren, erfordert viel mehr Wissen, als im Allgemeinen vorhanden ist, und es erfordert eine ethische Ausbildung. Dabei geht es um die Übertragung kritischer wissenschaftlicher Methoden in den allgemeinen gesellschaftlichen Bestand an Kompetenzen.

Ich habe es mehrmals betont, dass das Digitalzeitalter die der Moderne inhärente Logik fortsetzt, im Guten wie im Schlechten. Wir kommen deshalb auch im Digitalzeitalter mit der Befähigung zum kritischen Denken, das uns Immanuel Kant und viele andere gelehrt haben, ganz gut über die Runden, wir müssen da nichts neu erfinden.

Statt einzelne Phänomene, die zum Digitalzeitalter gehören, lautstark zu diskutieren, bis das nächste in den Fokus gerät, ist es notwendig, das Digitalzeitalter insgesamt genauer zu verstehen und zu beschreiben. Das beginnt damit, dass die umgangssprachlich weltweit eingebürgerte Redeweise vom Digital*zeitalter* beim Wort genommen wird, denn ein Zeitalter ist dann, wenn sich charakteristische Elemente zu einer Kohärenz verbinden. Diese zeigt sich in der globalen smarten (smart heißt intelligent) Digitalität, für die wir als Zugang schon jetzt eine externe Erweiterung unseres biologischen Körpers benötigen, nämlich irgendeine Art von Screen. Innerhalb der Moderne stellt das Digitalzeitalter durchaus eine eigene Kohärenz dar, möglicherweise die letzte der Moderne zugehörige Kohärenz, bevor der Kipppunkt in eine „Post-Moderne" kommt, die dann vielleicht Quantenzeitalter oder anders heißen wird.

Wo stehen wir Menschen derzeit im Digitalzeitalter? Gerne wird (seit Jahrhunderten) über den „homme machine", heutzutage den „künstlichen Menschen", den Cyborg oder die fiktionale Option, das menschliche Gedächtnis aus dem Gehirn in einen Hypercomputer einzuspeisen, spekuliert, aber das meiste davon führt uns von dem weg, was wir tatsächlich diskutieren müssten, nämlich wie uns globale smarte Digitalität heute schon verändert, wo wir trotz mancher optionaler maschineller und digitaler Einbauten in unseren Körper weder einer Maschine gleichen, noch überwiegend künstlich und erst recht kein Cyborg im eigentlichen Wortsinn sind und unser eigenes Gedächtnis wie seit undenklichen Zeiten mit unserem Tod verschwindet.

Interpretiert man die vorerst überwiegend noch fiktionale Robotisierung des Menschen als prinzipiell positive Entwicklung[7], die dem Einzelnen Potenziale und Freiheiten hinzufügt, so müssen wir uns fragen, ob wir derzeit nicht eher zu Knoten im globalen digitalen Netz reduziert werden, für deren Funktionstüchtigkeit es keine Freiheit braucht. Hauptsache, wir konsumieren Digitales, bewerten fleißig, wenn wir dazu aufgefordert werden – was andauernd geschieht – und liefern so Datenmaterial, das dann in Form von Sternchen (möglichst fünf oder wenigstens viereinhalb) zusammengefasst und veröffentlicht wird bzw., je nach Art der dabei gesammelten Daten, zu einer Statistik verarbeitet wird. All dies ist wenig zuverlässig und wird trotzdem als Faktum verkauft. Zum digitalen Konsum gehören Fake News, digitale Fälschungen, ungeprüfte Informationen, Hassrede und so fort; „wichtig" ist, dass das alles massenhaft konsumiert wird, sodass der digitale Fluss niemals versiegt. Dazu braucht es uns, und im Grunde machen wir in unterschiedlichem Ausmaß immer mit. Dies ist auch eine Art, sich selber in Ketten zu legen.

---

7   Siehe z. B.: Gray et al. (2021).

Digitalität ist geeignet, Teilhabe – an allem Möglichen – zu erleichtern und zu erhöhen. Meistens bedeutet es aber, zur Schwarmintelligenz beizutragen, – was überaus sinnvoll sein kann –, aber es widerspricht dem individuellen Streben, das darauf ausgerichtet ist, durch das eigene Handeln die eigene Identität zu stärken. Julian Nida-Rümelin spricht von unserer individuellen Autorschaft, die wir nicht einbüßen dürfen.[8] Dabei muss das eigene Handeln als solches sichtbar sein und mir zugerechnet werden können, damit mein soziales Kapital vermehrt wird. Um so mehr, als es immer andere gibt, die mit meinen Daten oder meinen Ideen und Kreationen ein Geschäft machen, ohne dass ich davon profitieren würde oder dabei namentlich vorkäme.

Wir sind gewohnt, dass sich in unserem Handeln unser Ich manifestiert und gestärkt wird. Deswegen bilden sich im Zuge digitaler Gemeinschaftlichkeit (vgl. Stalder), die anfangs von Altruismus der Teilnehmer*innen geprägt sein mag, früher oder später Hierarchien, Machtverhältnisse und kommerzielle Nutzungen aus, die der anfänglichen Intention zuwiderlaufen. Gemeinschaftlichkeit ist dann nur scheinbar, vielleicht deshalb dann nur von kurzer Dauer, sie wird durch die nächste Idee digitaler Gemeinschaftlichkeit abgelöst, die wiederum von kurzer Dauer ist. Das setzt sich fort, und macht den Menschen innerlich leer.

Das Entscheidende ist, wie wir uns das Menschsein vorstellen. Und diese Vorstellung sollte anders sein als in der Werbung: Jemand tippt mit glücklichem Gesichtsausdruck auf dem Smartphone herum und steuert über eine App sein Smart-Home. Zalando (Online-Versandhandel) verwendete bis 2019 den 2011 mit einem Effie preisgekrönten Slogan „Schrei vor Glück! Oder schick's zurück".[9] Dieselbe Werbephilosophie liegt vielen anderen Werbespots zugrunde; hier schafft eine Vergleichsplattform einen glücklichen Menschen, weil sie ein günstigeres Übernachtungsangebot anzeigen konnte, dort wird hervorgehoben, dass der Interneteinkauf schon für sich ein nicht zu toppendes Vergnügen darstellt. Ich habe oben am Anfang des Buches die Gamescom erwähnt – nichts als glückliche Menschen gemäß Werbung und Berichterstattung! Dasselbe gilt für die jährliche Consumer Electronics Show. Natürlich nimmt das niemand wörtlich, am allerletzten die Macher*innen der Werbung, aber was daran ernst ist, ist die Philosophie dahinter: Digitales macht Menschen glücklich und führt sie in einen Zustand ununterbrochenen Lustgewinns. Doch der in den Ketten der Digitalität gefangene Mensch ist genauso eindimensional wie Herbert Marcuses Konsument in „Der eindimensionale Mensch", der subjektiv auch ein glücklicher Mensch sein mag, aber nichts anderes tut, als Unfreiheit psychisch durch glücklich machendes Konsumieren zu verdrängen.

Der aktuelle World Happiness Report 2023 wertet zwar Soziale Medien aus, Digitalität als solche stellt hingegen kein Kriterium für Glück dar.[10] Die Autor*innen re-

---

8   Siehe das Zitat von Nida-Rümelin (2021) oben in Kapitel 15.
9   Danke an Bing Chat für den Faktencheck!
10 Helliwell et al. (2023).

kurrieren interessanterweise für die Grundlagen der Untersuchungen auf Aristoteles (384–322 v. Chr.) und die Nikomachische Ethik, nicht aber auf irgendeine*n Digital-Guru. Die Faktoren, die über das Ausmaß des individuellen Glücklichseins entscheiden, sind die folgenden:

> physical and mental health; human relationships (in the family, at work and in the community); income and employment; character virtues, including pro-sociality and trust; social support; personal freedom; lack of corruption, and effective government.[11]

Digitalität kann, wie die Überlegungen zu Digitalem Human(itar)ismus gezeigt haben, in diesen Feldern stark unterstützend eingesetzt werden. Zugleich führt Digitalität zur Schwächung der Menschen in denselben lebensweltlichen Aspekten bzw. kann sie dazu führen. Die physische und mentale (psychische) Gesundheit wird durch digitale Geräte und Anwendungen beeinträchtigt. Menschliche Beziehungen, wo auch immer, werden durch Digitalität ausgetrocknet und verkümmern. Eigentlich bräuchten wir viel mehr mitmenschliche Zuwendung – sei es im Kindergarten, in der Schule, in der beruflichen Lehre, im Studium, in der psychologischen Betreuung, bei der Bewältigung von Traumata, unter denen Kriegs- und Terrorflüchtlinge leiden, im Gesundheitswesen, in den Alten- und Pflegeheimen, bei der Pflege zuhause, in der Sozialarbeit, in der Katastrophenbetreuung, um nur einige Felder zu nennen – tatsächlich wird es aber immer weniger. Immer wieder wird behauptet, die Digitalisierung von Arbeitsvorgängen mache Zeit frei für die Durchführung von Aufgaben, die nur unter Einsatz menschlicher Zuwendung erfolgreich sein kann. Theoretisch stimmt das, praktisch passiert das aber selten oder gar nicht. Zeitgewinn zugunsten der Mitmenschlichkeit durch Digitalität ist ein Mythos des Digitalzeitalters. Nirgendwo sonst zeigen sich wohl so intensiv individuell spürbar die Ketten der Digitalität, die uns lediglich erlauben, in einem engen Kreis zu laufen, aber nicht daraus auszubrechen. Der „Gewinn" an Frust ist höher als der Gewinn an Lust.

Charakterliche Tugenden weichen in Sozialen Medien zahlreichen Untugenden, Vertrauen in andere wird geschwächt oder verschwindet ganz. Je höher der Anteil virtueller Soziabilität ist, desto unsozialer werden die tatsächlichen Verhaltensweisen. Digitales *kann* süchtig machen (z. B. Online-Wetten, Spiele, Pornografie) und die persönliche Freiheit reduzieren. Soziale Medien sind nicht per se freiheitsfördernd, eher im Gegenteil. Und sei es nur der Umstand, dass ich am Ball bleiben muss, wenn ich nicht vergessen werden will. Einmal im halben Jahr eine Aktion reicht dafür nicht, ich muss täglich dran bleiben.

Korruption bedient sich des Digitalen. Regierungen und Verwaltungen hinken bei der Digitalisierung, soweit es um Bürger*innenservice geht, oft hinterher und wirken daher ineffektiv. Oft läuft die Digitalisierung von Amtsvorgängen nicht auf eine Er-

---

11 Ebd., 19.

leichterung hinaus, sondern kolportiert systemisches Misstrauen gegenüber den Bürger*innen, so wie Algorithmen in beliebigen Einsatzfeldern diskriminierend arbeiten, weil sie mit Material trainiert wurden, das auf diskriminierenden Implikationen aufbaut, ohne diese ausdrücklich auszuweisen.

Vieles ist eine Frage der Bildung und von Kompetenzaufbau – leider ist das Digitalzeitalter im Grunde bisher das bildungsfernste, das es je seit der Reformation gegeben hat. Der Zentralität von Digitalität in der Gegenwart steht keine zentrale Berücksichtigung in Bildung, Ausbildung und Erziehung gegenüber.

Das lässt sich ändern. Dazu müsste den Forderungen, in den Schulen der Bildung und dem Kompetenzerwerb in Sachen Digitalität mehr Platz einzuräumen, entsprochen werden. Auch für elterliche Kindererziehung liegen genug praktische Vorschläge auf dem Tisch, wie der Umgang der eigenen Kinder mit digitalen Medien und Anwendungen begleitet und geübt werden kann. Es braucht insgesamt mehr pädagogische Zuwendung, was voraussetzt, dass Eltern und pädagogisches Personal entsprechend Zeit dafür haben können bzw. erhalten.

Kompetenzerwerb in Sachen Digitalität in Kindheit und Jugend ist ein zentraler Aspekt, zugleich muss der Blick auf die Erwachsenen(weiter)bildung im beruflichen wie im privaten Bereich gelenkt werden. Wer z. B. Algorithmen entwickelt oder, ganz allgemein gesprochen, in der KI-Branche arbeitet, muss eine ethische Ausbildung absolvieren und für die im potenziellen Trainingsmaterial der KI enthaltenen Asymmetrien, eingebaute Diskriminierungen und Vorurteile, kurz: Einseitigkeiten und Unausgewogenheiten, sensibilisiert werden.

Gesetzliche Rahmengebungen, wie sie z. B. die EU im Dezember 2023 mit dem Artificial Intelligence Act und der erfolgreichen Abstimmung im Europäischen Parlament am 13. März 2024 auf den Weg gebracht hat[12], sind notwendig, sie ersetzen aber nicht Aufklärung und Kompetenzerwerb, angesichts der Globalität der Digitalität, die über einzelne, erst recht nationale, Gesetze hinwegschwappt. Die grundsätzliche Frage, welche digitale Neuerung tatsächlich sinnvoll ist und uns human(itar)istisch weiterbringt, geht in der Öffentlichkeit meistens schnell unter und wird nicht mit dem nötigen Nachdruck verfolgt. Vielmehr wird es „dem Markt überlassen", dessen Prinzipien jedoch nicht in der Ethik, Moral und Human(itar)ismus zu suchen sind. Am Ende landet alles Digitale, was einfach dem Markt überlassen worden ist, auf einer wilden Müllkippe – im wörtlichen Sinn, was den Elektronikschrott angeht; im übertragenen

---

12 Nach der Abstimmung im Parlament steht noch die Entscheidung des Rats an. Informationsstand bei Abruf am 25.3.2024: 13. März 2024: https://www.europarl.europa.eu/news/de/press-room/20240308IPR19015/gesetz-uber-kunstliche-intelligenz-parlament-verabschiedet-wegweisende-regeln. Weitere Informationen: https://artificialintelligenceact.eu/de/ai-act-explorer/.

Sinn, was die Misshandlung der Psyche der Menschen angeht. Die wilde Müllkippe führt zu Gesundheitsschäden, ebenso die Misshandlung der Psyche.[13]

Leider ist das die ungern öffentlich verhandelte Realität – die durchaus eine andere sein könnte. Ich finde keine bessere Beschreibung des Grundproblems als die bereits nach Immanuel Kant zitierte von der „selbstverschuldeten Unmündigkeit des Menschen". Da das Digitalzeitalter zur Moderne gehört, muss der Aufklärungsprozess, den „die Aufklärung" in Gang gesetzt hatte, gewissermaßen wiederholt werden in Bezug auf die globale Digitalität der aktuellen Lebenswelten.

Das Digitalzeitalter stellt womöglich die letzte Phase der Moderne dar. Was die danach kommende Zeit betrifft, lässt sich schwer vorhersagen, was diese in erster Linie ausmachen wird. Sollte es der Digitale Human(itar)ismus sein, wären die Ketten des Digitalzeitalters abgeworfen worden. Die Verantwortung für ein adäquates Handeln liegen nicht nur bei der Politik und den Gesetzgebern, sondern bei allen Einzelnen.

---

13   Beide Aspekte werden behandelt in: Neubacher (2022). Neubacher geht bezüglich Müllkippen auf das Beispiel der Müllkippe in Agbogbloshie (Accra, Ghana) ein. Der Elektronikschrott kommt überwiegend aus den Industrieländern auf illegalem Weg auf solche Müllkippen.

Quellen und Literatur

Redaktionelle Notiz: Alle URLs wurden am 18. April 2024 letztmalig vor Drucklegung aufgerufen und kontrolliert.

Aarvik, Per (2020): Artikel „Digital Humanitarianism". In: De Lauri, Antonio (Hg.): Humanitarianism. Keywords. Leiden: Brill, 43–44.

Agger, Donald G. et al. (1964): Memorandum „The Triple Revolution. Cybernation, Weaponry, Human Rights." The Ad Hoc Committee on the Triple Revolution. Unterzeichnet von Donald G. Agger und 31 weiteren Persönlichkeiten. Text: http://www.educationanddemocracy.org/FSCfiles/C_CC2a_TripleRevolution.htm.

Aichholzer, Georg / Rose, Gloria (2020): „Experience with Digital Tools in Different Types of e-Participation". In: Hennen, Leonhard et al. (Hg.): European e-Democracy in Practice (Studies in Digital Politics and Governance Series). Cham: Springer Nature Switzerland AG, 93–140.

Alesso, H. Peter / Smith, Craig F. (2009): Thinking on the Web. Berners-Lee, Gödel, and Turing. Hoboken: N. J: Wiley.

Amnesty International (2023): Amnesty-Berichte zu TikTok: TikToks Geschäftsmodell als Gefahr für Kinder und Jugendliche (Fakten-Stand bei Abruf am 18.4.2024: 7.11.2023): https://www.amnesty.at/presse/amnesty-berichte-zu-tiktok-tiktoks-geschaeftsmodell-als-gefahr-fuer-kinder-und-jugendliche/.

Andler, Daniel (2023): Intelligence artificielle, intelligence humaine. La double énigme (NRF essais). Paris: Gallimard.

Arunachalam, Subbiah (2000): „Information und Wissen im Zeitalter der elektronischen Kommunikation aus der Perspektive der Entwicklungsländer". In: Krull, Wilhelm (Hg.): Zukunftsstreit. Weilerswist: Velbrück Wiss., 269–294.

Ausstellung (2003): „Körpergedächtnis. Unterwäsche einer sowjetischen Epoche" (Volkskundemuseum Wien): https://www.volkskundemuseum.at/koerpergedaechtnis.

„Avatar – Aufbruch nach Pandora" (2009). Regie: Cameron, James (Kinofilm). Los Angeles: 20th Century Studios/Santa Monica: Lightstorm Entertainment.

„Avatar – the Way of Water" (2022). Regie: Cameron, James (Kinofilm). Los Angeles: 20th Century Studios (et al.).

Bai, Yuqi (2021): „Politische Einstellung und Internetnutzung in China". In: Schmale, Wolfgang: Blog „Mein Europa", wolfgangschmale.eu/internetnutzung-in-china, Eintrag 07.04.2021.

Bauman, Zygmunt (2000): Liquid Modernity. Cambridge: Polity Press.

Baur, Kilian / Trautmannsberger, Robert (2023) (Hg.): Klio hat jetzt Internet. Historische Narrative auf Youtube – Darstellung, Inszenierung, Aushandlung (Medien der Geschichte, Band 6). Berlin, Boston: De Gruyter Oldenbourg.

Beck, Ulrich / Beck-Gernsheim, Elisabeth (1994): Riskante Freiheiten. Zur Individualisierung von Lebensformen in der Moderne. Frankfurt am Main: Suhrkamp.

Bendel, Oliver (2019): 350 Keywords Digitalisierung. Wiesbaden: Springer.

Berger, Peter L. / Luckmann, Thomas (1966): The Social Construction of Reality. A treatise in the sociology of knowledge. New York: Doubleday.

Berners-Lee, Tim / Fischetti, Mark (2000): Weaving the Web. The original design and ultimate destiny of the World Wide Web by its inventor (1. paperback ed.). San Francisco, CA: HarperCollins.

Beyer, Mark A. / Laney, Douglas (2012): „The Importance of *Big Data*": A Definition. In: Gartner Research: https://www.gartner.com/en/documents/2057415.

Blanke, Tobias / Hedges, Mark / Marciano, Richard (2013): „Big Humanities Data Workshop at IEEE Big Data 2013". In: D-Lib Magazine, Vol. 20, Number 1/2: http://www.dlib.org/dlib/january14/blanke/01blanke.html.

Bletchley Declaration (2023): The Bletchley Declaration by Countries Attending the AI-Safety Summit 1–2 November 2023: https://www.gov.uk/government/publications/ai-safety-summit-2023-the-bletchley-declaration/the-bletchley-declaration-by-countries-attending-the-ai-safety-summit-1-2-november-2023.

Blumenberg, Hans (1979): Arbeit am Mythos (Sonderausgabe 1996). Frankfurt am Main: Suhrkamp.

Bourdieu, Pierre (1972): Esquisse d'une théorie de la pratique: Précédé de trois études d'ethnologie kabyle. Genf: Droz.

boyd, danah [sic!] / Crawford, Kate (2012): „Critical Questions for Big Data". In: Information, Communication & Society, vol. 15/5, 662–679: https://www.tandfonline.com/doi/abs/10.1080/1369118X.2012.678878.

Cancik, Hubert / Groschopp, Horst / Wolf, Frieder Otto (Hg., in Zusammenarbeit mit Hildegard Cancik-Lindemaier, Gabriele Groschopp und Marie Schubenz) (2016): Humanismus: Grundbegriffe. Berlin/Boston: De Gruyter.

Cassirer, Ernst (1932): Die Philosophie der Aufklärung (Grundriß der philosophischen Wissenschaften). Tübingen: J. C. B. Mohr (Paul Siebeck).

Castells, Manuel (2000): The Rise of the Network Society (= Bd. 1 (von 3) von „The Information Age: Economy, Society and Culture") (2. Aufl., 1. Aufl. 1996). Malden, MA: Blackwell.

CISAC-Open Letter (2023): Global Creators and Performers Demand Creative Rights in AI Proliferation. An Open Letter to policy makers on Artificial Intelligence: https://www.cisac.org/Newsroom/articles/global-creators-and-performers-demand-creative-rights-ai-proliferation.

Crowdsourcing: https://methodenpool.salzburgresearch.at/methode/crowd-sourcing/.

Cube, Felix von (1971): Was ist Kybernetik? Grundbegriffe, Methoden, Anwendungen (Originalausgabe Bremen: Carl Schünemann Verlag 1967). München: dtv.

Dahlstedt, Palle (2019): „Big Data and Creativity". In: European Review 27/3 (2019), 411–439.

Davies, Thomas R. (2013): NGOs. A new history of transnational civil society. London: Hurst.

Driscoll, Kevin (2012): „From Punched Cards to ‚Big Data': A social history of database populism". In: communication +1, Vol. 1, Article 4: https://scholarworks.umass.edu/cpo/vol1/iss1/4/.

Drux, Rudolf (2002): „Das Menschlein aus der Retorte. Bemerkungen über eine literarische Gestalt, ihre technikgeschichtlichen Konturen und publizistische Karriere". In: Kegler, Karl R. /

Kerner, Max (Hg.): Der künstliche Mensch. Körper und Intelligenz in Zeiten ihrer technischen Reproduzierbarkeit. Köln: Böhlau, 217–238.

Europäische Kommission (2023): Vorschlag für eine Verordnung des Europäischen Parlaments und des Rates zur Festlegung harmonisierter Vorschriften für Künstliche Intelligenz (Gesetz über Künstliche Intelligenz) und zur Änderung bestimmter Rechtsakte der Union [COM(2021) 206 final]: https://eur-lex.europa.eu/resource.html?uri=cellar:e0649735-a372-11eb-9585-01aa75ed71a1.0019.02/DOC_1&format=PDF.

Europäische Union (2018): Datenschutzgrundverordnung (DGSVO): https://eur-lex.europa.eu/legal-content/DE/LSU/?uri=CELEX%3A32016R0679.

Europäische Union: Europeana – Europas digitales Kulturerbe: https://www.europeana.eu/de.

European Academy of Sciences and Arts (EASA) Expert Group (2022): „Digitalization, AI, and Societal Impact". In: Proceedings of the European Academy of Sciences & Arts, Vol. 1, No 1, (2022), 1–7: https://doi.org/10.4081/peasa.7.

European Commission (Hg.) (2017): Attitudes towards the impact of digitisation and automation on daily life. Report (Special Eurobarometer, 460). Brussels: European Commission: https://europa.eu/eurobarometer/surveys/detail/2160.

Fiormonte, Domenico (2012): „Towards a Cultural Critique of the Digital Humanities". In: Thaller, Manfred (Hg.): Controversies around the Digital Humanities (Historical Research / Historische Sozialforschung Nr. 141) (HRS Vol. 37 (2012) 3), 59–76.

Foucault, Michel (1969): L'archéologie du savoir. Paris: Éditions Gallimard.

Fuller, Roslyn (2023): Principles of Digital Democracy. Theory and case studies (Democracy in times of upheaval, 8). Berlin: de Gruyter.

„Good Kill – Tod aus der Luft" (2014). Regie: Niccol, Andrew (Kinofilm). Los Angeles: Voltage Pictures / Sobini Films.

Gray, Chris Hables / Figueroa-Sarriera, Heidi / Mentor, Steven (Hg.) (2021): Modified. Living as a cyborg. New York: Routledge.

Greef, Samuel (2023): Staat und Staatlichkeit im digitalen Zeitalter. Politische Steuerung im Wandel (Politik in der digitalen Gesellschaft, Band 7). Bielefeld: Transcript.

Grunwald, Armin / Banse, Gerhard / Coenen, Christopher / Hennen, Leonhard (2006): Netzöffentlichkeit und digitale Demokratie. Tendenzen politischer Kommunikation im Internet (Studien des Büros für Technikfolgen-Abschätzung, 18). Baden-Baden: Nomos.

Habermas, Jürgen (2002): Die Zukunft der menschlichen Natur. Auf dem Weg zu einer liberalen Eugenik? (4., erw. Aufl.). Frankfurt am Main: Suhrkamp.

Hartmann, Carsten / Richter, Lorenz (2023): „Transgressing the Boundaries. Towards a rigorous understanding of Deep Learning and its (non-)robustness". In: Klimczak, Peter / Petersen, Christer (Hg.): AI – Limits and Prospects of Artificial Intelligence (KI-Kritik, Bd. 4). Bielefeld: Transcript, 43–81.

Helliwell, John F. / Layard, Richard / Sachs, Jeffrey D. / Aknin, Lara B. / De Neve, Jan-Emmanuel / Wang, Shun (Hg.) (2023): World Happiness Report 2023 (11th ed.). Sustainable Development Solutions Network: https://worldhappiness.report/ed/2023/.

Helm, Paula / Seubert, Sandra (2019): „Normative Paradoxien der Privatheit in datenökonomischen Zeiten. Eine sozialkritische Perspektive auf eine digitale ‚Krise' der Privatheit". In: Borucki, Isabelle / Schünemann, Wolf Jürgen (Hg.): Internet und Staat. Perspektiven auf eine komplizierte Beziehung (Staatsverständnisse, 127). Baden-Baden: Nomos, 81–102.

Helmholtz-Zentrum Potsdam Deutsches Geo-Forschungs-Zentrum (2023): Türkei-Beben 2023 – Die Analyse (Fakten-Stand bei Abruf am 18.4.2024: 28.11.2023): https://www.gfz-potsdam.de/presse/meldungen/detailansicht/tuerkei-beben-2023-die-analyse.

Hennen, Leonhard (2020): „E-Democracy and the European Public Sphere". In: Hennen, Leonhard et al. (Hg.): European e-Democracy in Practice (Studies in Digital Politics and Governance Series). Cham: Springer International Publishing AG, 47–91.

Hillebrandt, Finn (2024): KI-Text erkennen. Die 13 besten KI-Detektoren. In: Blogmojo https://www.blogmojo.de/ki-text-erkennen/ (Fakten-Stand bei Abruf am 18.4.2024: 12.4.2024).

Hillebrandt, Finn (2023): 10 ChatGPT-Alternativen, für 2024, die teilweise besser sind: https://www.blogmojo.de/chatgpt-alternative/ (Fakten-Stand bei Abruf am 18.4.2024: 13.3.2024).

Historypin: https://www.historypin.org/en/.

Howard, Philip N. (2022): „Lügenmaschinen: Wie man die Demokratie vor Troll-Armeen, betrügerischen Robotern, Junk-News-Operationen und Polit-Agenten rettet". In: Bogner, Alexander et al. (Hg.): Digitalisierung und die Zukunft der Demokratie. Beiträge aus der Technikfolgenabschätzung (Gesellschaft – Technik – Umwelt, Bd. 24). Baden-Baden: Nomos, 69–78.

d'Huy, Julien (2023): Cosmogonies. La Préhistoire des mythes. Paris: La Découverte.

International Telecommunication Union (ITU) (2022): Measuring Digital Development. Facts and figures 2022: https://www.itu.int/itu-d/reports/statistics/facts-figures-2022/.

Jäger, Wilfried / Nentwich, Michael / Embacher-Köhle, Gerhard / Krieger-Lamina, Jaro (2022): „Digitale Souveränität und politische Prozesse". In: Bogner, Alexander et al. (Hg.): Digitalisierung und die Zukunft der Demokratie. Beiträge aus der Technikfolgenabschätzung (Gesellschaft – Technik – Umwelt, Bd. 24). Baden-Baden: Nomos, 189–203.

„Jeanne du Barry – Die Favoritin des Königs" (2023). Regie: Maïwenn (Jeanne Vaubernier) (Kinofilm). Frankreich/Belgien: Paul Caucheteux et al.

Klimczak, Peter / Petersen, Christer (Hg.) (2023): AI – Limits and Prospects of Artificial Intelligence (KI-Kritik, Bd. 4). Bielefeld: Transcript.

Klimczak, Peter (2023): „Limits and Prospects of Ethics in the Context of Law and Society by the Example of Accident Algorithms of Autonomous Driving". In: Klimczak, Peter / Petersen, Christer (Hg.): AI – Limits and Prospects of Artificial Intelligence (KI-Kritik, Bd. 4). Bielefeld: Transcript, 83–114.

Koselleck, Reinhart (1979): Vergangene Zukunft. Zur Semantik geschichtlicher Zeiten. Frankfurt am Main: Suhrkamp.

Kraljevski, Ivan / Tschöpe, Constanze / Wolff, Matthias (2023): „Limits and Prospects of Big Data and Small Data Approaches in AI Applications". In: Klimczak, Peter / Petersen, Christer (Hg.): AI – Limits and Prospects of Artificial Intelligence (KI-Kritik, Bd. 4). Bielefeld: Transcript, 115–141.

Krcmar, Helmut (2018): „Charakteristika digitaler Transformation". In: Oswald, Gerhard / Krcmar, Helmut (Hg.): Digitale Transformation. Fallbeispiele und Branchenanalysen (Informationsmanagement und Digitale Transformation Ser.). Wiesbaden: Springer Fachmedien, 5–10.

Krull, Wilhelm (2000) (Hg.): Zukunftsstreit. Weilerswist: Velbrück Wiss.

de Laubier, Charles et al. (2023): Dossier „La régulation d'Internet au bord de l'implosion". In: Le Monde, 28 novembre 2023, 20–21.

Le Quellec, Jean-Loïc (2022): La caverne originelle. Art, mythes et premières humanités (Sciences sociales du vivant). Paris: La Découverte.

Lindner, Ralf / Aicholzer, Georg (2020): „E-Democracy: Conceptual Foundations and Recent Trends". In: Hennen, Leonhard et al. (Hg.): European e-Democracy in Practice (Studies in Digital Politics and Governance Series). Cham: Springer Nature Switzerland, 11–45.

Lischka, Konrad / Stöcker, Christian (2017): Digitale Öffentlichkeit. Wie algorithmische Prozesse den gesellschaftlichen Diskurs beeinflussen. Arbeitspapier. Bertelsmann (Auftraggeber):

Gütersloh, Juni 2017: https://www.bertelsmann-stiftung.de/de/publikationen/publikation/did/digitale-oeffentlichkeit-1 (DOI 10.11586/2017028).

Liu, Cixin (2019): Jenseits der Zeit. Roman (chin. Originalausgabe 2010). Aus dem Chinesischen von Karin Betz. München: Wilhelm Heyne Verlag.

Luhmann, Niklas (1997): Die Gesellschaft der Gesellschaft. 2 Bände. Frankfurt am Main: Suhrkamp.

Mainzer, Klaus (2014): Die Berechnung der Welt. Von der Weltformel zu Big Data. München: C. H. Beck.

Marat, Jean Paul (1975): Les chaines de l'esclavage / Die Ketten der Sklaverei (engl. Originalausg. 1774, franz. Originalausg. 1792). Übersetzung aus dem Französischen von Reinhard Seufert. Gießen: Verlag Achenbach.

Marcuse, Herbert (1964): One-Dimensional Man: Studies in the ideology of advanced industrial society. London: Routledge / Kegan Paul.

Mayer, Katja / Strassnig, Michael (2020): „The Digital Humanism Initiative in Vienna. A report based on our exploratory study commissioned by the City of Vienna". In: Fritz, Judith / Tomaschek, Nino (Hg.): Digitaler Humanismus. Menschliche Werte in der virtuellen Welt. Münster, New York: Waxmann, 27–39.

Mbembe, Achille (2023): La communauté terrestre. Paris: La Découverte.

Menasse, Eva (2023): Alles und nichts sagen. Vom Zustand der Debatte in der Digitalmoderne. Köln: Kiepenheuer & Witsch.

Mölders, Marc (2022): „Zum fairen Gestalten fairer Algorithmen. Stakeholder-Verfahren und die Korrektur des *machine bias*". In: Bogner, Alexander et al. (Hg.): Digitalisierung und die Zukunft der Demokratie. Beiträge aus der Technikfolgenabschätzung (Gesellschaft – Technik – Umwelt, Bd. 24). Baden-Baden: Nomos, 233–241.

Müller-Wille, Staffan / Charmantier, Isabelle (2012): „Natural History and Information Overload: The case of Linnaeus". In: Studies in History and Philosophy of Biological and Biomedical Sciences 43 (2012), 4–15.

Münch, Ursula / Kalina, Andreas (Hg.) (2020): Demokratie im 21. Jahrhundert. Theorien, Befunde, Perspektiven (Tutzinger Studien zur Politik, 18). Baden-Baden: Nomos.

NASA (2017): Artificial Intelligence, NASA Data Used to Discover Eighth Planet Circling Distant Star: https://www.nasa.gov/news-release/artificial-intelligence-nasa-data-used-to-discover-eighth-planet-circling-distant-star/ (Fakten-Stand bei Abruf am 18.4.2024: 14.12.2017).

Negroponte, Nicholas (1998): „Beyond Digital". In: Wired (Dec. 1, 1998): https://www.wired.com/1998/12/negroponte-55/.

Neubacher, Harald (2022): Kritische Geschichte der mobilen Kommunikation 1995–2020. (Masterarbeit Universität Wien).

Nida-Rümelin, Julian (2021) „Digitaler Humanismus". Interview in: Hauck-Thum, Uta / Noller, Jörg (Hg.): Was ist Digitalität? Philosophische und pädagogische Perspektiven. Stuttgart: Metzler, 34–38.

Nida-Rümelin, Julian / Weidenfeld, Nathalie (2018): Digitaler Humanismus. Eine Ethik für das Zeitalter der Künstlichen Intelligenz. München: Piper.

Orwell, George (1949): Nineteen Eighty-Four. London: Secker & Warburg.

Osterhammel, Jürgen (2009): Die Verwandlung der Welt. Eine Geschichte des 19. Jahrhunderts. München: C. H. Beck.

Osterhammel, Jürgen / Petersson, Niels P. (2019): Geschichte der Globalisierung. Dimensionen, Prozesse, Epochen (6. aktual. Aufl., 1. Aufl. 2003) (Beck'sche Reihe, v.2320). München: C. H. Beck.

Oswald, Gerhard / Krcmar, Helmut (Hg.) (2018): Digitale Transformation. Fallbeispiele und Branchenanalysen (Informationsmanagement und Digitale Transformation Ser.). Wiesbaden: Springer.

Pariser, Eli (2012): Filter Bubble. Wie wir im Internet entmündigt werden (engl. Originalausg. 2011). Aus dem Amerikanischen von Ursula Held. München: Hanser.

Pohle, Julia / Thiel, Thorsten (2019): „Digitale Vernetzung und Souveränität: Genealogie eines Spannungsverhältnisses". In: Borucki, Isabelle / Schünemann, Wolf Jürgen (Hg.): Internet und Staat. Perspektiven auf eine komplizierte Beziehung (Staatsverständnisse, 127). Baden-Baden: Nomos, 57–79.

Quijano, Aníbal (2016): Kolonialität der Macht, Eurozentrismus und Lateinamerika. Aus dem Spanischen von Alke Jenss und Stefan Pimmer; mit einer Einleitung von Jens Kastner und Tom Waibel (Es kommt darauf an, Band 17). Wien, Berlin: Verlag Turia + Kant.

Rahmstorf, Olaf (2023): Wikipedia: Die rationale Seite der Digitalisierung? Entwurf einer Theorie (Digitale Gesellschaft, Bd. 40). Unter Mitarbeit von Sara Gaißmaier. Bielefeld: Transcript.

Reichert, Ramón (Hg.) (2014): Big Data. Analysen zum digitalen Wandel von Wissen, Macht und Ökonomie (Digitale Gesellschaft, ohne Bd.-Nr.). Bielefeld: Transcript.

Ritzi, Claudia / Zierild, Alexandra (2019): „Souveränität unter den Bedingungen der Digitalisierung". In: Borucki, Isabelle / Schünemann, Wolf Jürgen (Hg.): Internet und Staat. Perspektiven auf eine komplizierte Beziehung (Staatsverständnisse, 127). Baden-Baden: Nomos, 35–56.

Rosa, Hartmut (2016): Resonanz. Eine Soziologie der Weltbeziehung. Berlin: Suhrkamp.

Rüsen, Jörn (2013): Historik. Theorie der Geschichtswissenschaft. Köln, Wien: Böhlau.

Schätzing, Frank (2018): Die Tyrannei des Schmetterlings. Roman. Köln: Kiepenheuer & Witsch.

Schlettwein, Johann August (1980): Die Rechte der Menschheit oder der einzige wahre Grund aller Gesetze, Ordnungen und Verfassungen (Scriptor Reprints, Sammlung 18. Jh.) (Originalausg. Gießen: Justus Friedrich Krieger 1784). o. O.: Scriptor.

Schmale, Wolfgang (2024): #ImmanuelKant. Kosmopolit digital im postkolonialen Zeitalter (IZEA – Kleine Schriften, Bd. 15). Halle: Mitteldeutscher Verlag.

Schmale, Wolfgang (2022): „Digitaler Human(itar)ismus". In: Buchner, Benedikt / Petri, Thomas (Hg.): Informationelle Menschenrechte und digitale Gesellschaft. Tübingen: Mohr Siebeck, 11–26.

Schmale, Wolfgang (2021): Gesellschaftliche Orientierung. Geschichte der ,Aufklärung' in der globalen Neuzeit (19. bis 21. Jahrhundert) (Historische Mitteilungen der Ranke-Gesellschaft, Beiheft 103). Stuttgart: Franz Steiner Verlag.

Schmale, Wolfgang (2020): „Data Science – eine Metawissenschaft?" In: Schmale, Wolfgang: Blog „Mein Europa", wolfgangschmale.eu/data-science-eine-metawissenschaft, Eintrag 19.03.2020.

Schmale, Wolfgang (2019a): „Immanuel Kant und die Bildung im Zeitalter der Digitalisierung". In: Wiener Zeitung, 7. Mai 2019: https://www.tagblatt-wienerzeitung.at/meinung/gastkommentare/2007916-Immanuel-Kant-und-die-Bildung-im-Zeitalter-der-Digitalisierung.html.

Schmale, Wolfgang (2019b): „(Daten-)Schutz von Privatheit im digitalen Zeitalter. Eine kulturgeschichtliche Einlassung". In: DuD – Datenschutz und Datensicherheit 2019, Nr. 6, 327–331.

Schmale, Wolfgang (2018a): „Digital Construction of Reality – Epistemological Aspects". In: Schmale, Wolfgang: Blog „Mein Europa": https://wolfgangschmale.eu/digital-construction-of-reality, Eintrag 2. März 2018.

Schmale, Wolfgang (2018b): „Digitale Medien für Kulturerbeprojekte". In: Schmale, Wolfgang: Blog „Mein Europa": https://wolfgangschmale.eu/digitale-medien-fuer-kulturerbeprojekte, Eintrag 20. Juni 2018.

Schmale, Wolfgang (2017): „Geschichtswissenschaftliche Prognostik und Zukunftsforschung". In: Schmale, Wolfgang: Blog „Mein Europa", wolfgangschmale.eu/geschichtswissenschaftliche-prognostik-und-zukunftsforschung, Eintrag 26. November 2017.

Schmale, Wolfgang (2016): „Die Datenfalle. Privatsphäre zwischen Sicherheit und persönlicher Freiheit". In: OPUS Kulturmagazin Heft 54, 2016, 62–64.

Schmale, Wolfgang (2015): „Big Data in den historischen Kulturwissenschaften". In: ders. (Hg.): Digital Humanities. Praktiken der Digitalisierung, der Dissemination und der Selbstreflexivität (Historische Mitteilungen, Beihefte 91). Stuttgart: Franz Steiner Verlag, 125–137.

Schmale, Wolfgang (2014): „Privatheit als Geschichte der informationellen Selbstbestimmung". In: Schmale, Wolfgang / Tinnefeld, Marie-Theres: Privatheit im digitalen Zeitalter. Wien: Böhlau, 29–76.

Schmale, Wolfgang (2013/2014a): *„Digital Humanities* – Einleitung: Begriff, Definition, Probleme". In: Schmale, Wolfgang (Gast-Hg.): Schwerpunkt II: Digital Humanities, Historische Mitteilungen Bd. 26, 86–93.

Schmale, Wolfgang (2013/2014b): „Digitale Vernunft". In: ders. (Hg.): Schwerpunkt II: Digital Humanities, Historische Mitteilungen Bd. 26, 94–100.

Schmale, Wolfgang (2011): „Archive in der ‚flüssigen Moderne'". In: Mitteilungen des Österreichischen Staatsarchivs, Jg. 55/2011, 297–305.

Schmale, Wolfgang (2010): Digitale Geschichtswissenschaft. Wien: Böhlau.

Schmale, Wolfgang (2008) (Gast-Hg.): Schwerpunkt „Trans- und Interdisziplinarität". In: Historische Mitteilungen Bd. 21, 3–110.

Schmidt, Eric / Cohen, Jared (2013): Die Vernetzung der Welt. Ein Blick in unsere Zukunft. Reinbek bei Hamburg: Rowohlt.

Schrape, Jan-Felix (2021): Digitale Transformation (UTB, 5580). Bielefeld: Transcript.

Schubert, Cornelius / Schulz-Schaeffer, Ingo (Hg.) (2019): Berliner Schlüssel zur Techniksoziologie. Wiesbaden: Springer.

Sennett, Richard (1998): Corrosion of Character: The personal consequences of work in the new capitalism. New York: W. W. Norton and Co.

Spitzer, Manfred (2012): Digitale Demenz. Wie wir uns und unsere Kinder um den Verstand bringen. München: Droemer.

Stadler, Tobias (2021): „Neuer Facebook-Skandal: Daten der Hälfte aller weltweiten Nutzer im Darknet aufgetaucht". In: Chip.de (Fakten-Stand bei Abruf am 18.4.2024: 10.10.2021): https://www.chip.de/news/Facebook-Datenleck-im-Darknet-aufgetaucht_183883537.html.

Stalder, Felix (2016): Kultur der Digitalität. Berlin: Suhrkamp.

„Star Trek: First Contact" (1996). Regie: Frakes, Jonathan (Kinofilm). Los Angeles: Paramount Pictures.

Tinnefeld, Marie-Theres (2024): „Aufklärung, Menschenrechte und Demokratie – 15 Aspekte der Selbstbestimmung, der Erinnerung und des Vergessens". In: ZD – Zeitschrift für Datenschutz Heft 3, 2024, 123–125.

Tinnefeld, Marie-Theres / Buchner, Benedikt, et al., Hg. (2019): Einführung in das Datenschutzrecht. Datenschutz und Informationsfreiheit in europäischer Sicht (7. Aufl.). Berlin: De Gruyter.

Transkribus: https://readcoop.eu/transkribus/.

Tuschling, Anna / Sudmann, Andreas / Dotzler, Bernhard J. (Hg.) (2023): ChatGPT und andere „Quatschmaschinen". Gespräche mit Künstlicher Intelligenz (KI-Kritik, Bd. 7). Unter Mitarbeit von Benno Stein. Bielefeld: Transcript.

UNESCO-Welterbe: https://whc.unesco.org/.

UNESCO / Library of Congress: World Digital Library: https://www.loc.gov/collections/world-digital-library/about-this-collection/.

Vietta, Silvio (2012): Rationalität. Eine Weltgeschichte. Paderborn: Wilhelm Fink.

Virilio, Paul (1994): Die Eroberung des Körpers. Vom Übermenschen zum überreizten Menschen. München: Hanser.

Vrhovec, Maddalena (2018): Geschichtsdarstellung 2.0: Die Reinszenierung historischer Ereignisse mittels Twitter (Universität Wien, Masterarbeit Juni 2018).

Warwick, Kevin (2014): „The Cyborg Revolution". In: Nanoethics 2014/8, 263–273: https://link.springer.com/article/10.1007/s11569-014-0212-z.

Weber, Karsten et al. (Hg.) (2023): Digitale Technik für ambulante Pflege und Therapie II. Impulse für die Praxis (Regensburger Beiträge zur Digitalisierung des Gesundheitswesens, 3). Bielefeld: Transcript.

Welle, Florian (2009): Der irdische Blick durch das Fernrohr. Literarische Wahrnehmungsexperimente vom 17. bis zum 20. Jahrhundert (Stiftung für Romantikforschung, Bd. XLV). Würzburg: Königshausen & Neumann.

WTO Annual Report 2023: https://www.wto.org/english/res_e/publications_e/anrep23_e.htm.

Wu, Tim (2010): The Master Switch. The rise and fall of information empires. New York: Alfred A. Knopf.

„2001: Odyssee im Weltraum" (1968). Regie: Kubrick, Stanley (Kinofilm). Beverly Hills: Metro-Goldwyn-Mayer.

Zimmerli, Walter Ch. (2002): „Jenseits von Zähmung oder Züchtung. Die Ablösung der künstlichen Intelligenz durch den Netzwerk-Menschen". In: Kegler, Karl R. / Kerner, Max (Hg.): Der künstliche Mensch. Körper und Intelligenz im Zeitalter ihrer technischen Reproduzierbarkeit. Köln: Böhlau, 75–103.

English Abstract and Keywords

The digital age is neither disruptive nor revolutionary, but continues the logic and basic conflicts of modernity since the 18th century and the Enlightenment. At the same time, more than ever before, all of this is being transferred to every household and people's everyday lives on a global scale. The book contextualises the digital age in modernity with its good, bad and contradictory aspects. The concept of digital human(itarian)ism provides orientation in this constellation. The opportunity to utilise the global digitality that characterises the digital age for a more humane society and for the creation of decoloniality has not yet been definitively lost. With its historical-critical analysis of the digital age, the book ventures into challenging terrain and shows how the digitalisation of the lifeworld driven by AI can be transformed into a controlled process in which human dignity is the most important paradigm.

Keywords: Digital Age, Modernity, Colonialism, Decoloniality, Enlightenment, Globality, Digitality, Artificial Intelligence, Science, Digital Construction of Reality, Cultural Heritage, Democracy, Privacy, Digital Humanism, Digital Humanitarianism, Education, Critical Judgement, Smartness, Body, Freedom, Slavery

Wolfgang Schmale

Gesellschaftliche Orientierung

Geschichte der „Aufklärung" in der
globalen Neuzeit (19. bis 21. Jahrhundert)

HISTORISCHE MITTEILUNGEN – BEIHEFT 103
2021. 379 Seiten mit 14 s/w-Grafiken und 5 Tabellen

978-3-515-13168-1 GEBUNDEN
978-3-515-13177-3 E-BOOK

Die Aufklärung des 18. Jahrhunderts ist auch im 21. Jahrhundert noch immer relevant. Sie fungiert als humane gesellschaftliche Orientierung in einer Welt, die aus den Fugen gerät. Diese gesellschaftliche Orientierung zu geben, war schon immer das Ziel der Aufklärung – dabei war sie jedoch jederzeit fundamentaler Kritik ausgesetzt. Das Potenzial der Aufklärung, der Gesellschaft in Zeiten von Krisen, Kriegen und Terror eine Leitlinie zu geben, entwickelte sich gerade im Zusammenhang mit solcher Kritik.

Wolfgang Schmale geht diesem historischen Prozess seit dem frühen 19. Jahrhundert nach und legt ein besonderes Augenmerk auf die Intellektuellen von Hegel bis Foucault und J. I. Israel. Mit methodischen Ansätzen der Digital Humanities analysiert er die Aufklärung globalgeschichtlich. Sie erweist sich, so wie sie gegenwärtig meistens verstanden wird, als zukunftsfähige Lebenswissenschaft, die auch Fundamentalkritik standhält.

DER AUTOR

Wolfgang Schmale war bis September 2021 Professor für Geschichte der Neuzeit an der Universität Wien. Er ist Mitglied der Academia Europaea und der European Academy of Sciences and Arts. Zu seinen Forschungsschwerpunkten zählen das 18. Jahrhundert und die Aufklärung, die Geschichte Europas und der Europäischen Integration, die Geschichte der Menschenrechte sowie Gender Studies und Digital Humanities.

AUS DEM INHALT

Einleitung | Namensgebung | Praktiken | Intellektuelle | Kritik | Orientierung | Achsenzeit – Schluss | Quellen- und Literaturverzeichnis

Franz Steiner
Verlag

Hier bestellen:
service@steiner-verlag.de